衣	え	於	お
計	け	己	こ
世	せ	曽	そ
天	て	止	と
祢	ね	乃	の
部	へ	保	ほ
女	め	毛	も
		与	よ
礼	れ	呂	ろ
		遠	を

尢	ん

JAPANESE FOR YOUNG PEOPLE III

KANJI WORKBOOK

JAPANESE FOR YOUNG PEOPLE

III KANJI WORKBOOK

Association for Japanese-Language Teaching

KODANSHA INTERNATIONAL
Tokyo▪New York▪London

The Authors: The Association for Japanese-Language Teaching (AJALT) was recognized as a nonprofit organization by the Ministry of Education in 1977. It was established to meet the practical needs of people who are not necessarily specialists on Japan but who wish to communicate effectively in Japanese. In 1992 the Association was awarded the Japan Foundation Special Prize.

The Association maintains a web site on the Internet at www. ajalt.org and can be contacted over the Internet via info @ajalt.org by teachers and students who have questions about this textbook or any of the Association's other publications.

All illustrations by Hidemi Makino.

Distributed in the United States by Kodansha America, Inc., and in the United Kingdom and continental Europe by Kodansha Europe Ltd.

Published by Kodansha International Ltd., 17-14 Otowa 1-chome, Bunkyo-ku, Tokyo 112-8652, and Kodansha America, Inc.

ISBN 4-7700-2496-7

First Edition, 2001
10 09 08 07 06 05 04   10 9 8 7 6 5 4 3 2

www.kodansha-intl.com

CONTENTS

A NOTE TO THE TEACHER

The Japanese for Young People Series

JAPANESE FOR YOUNG PEOPLE is a new series designed primarily for junior high and high school curricula encouraging systematic Japanese-language acquisition through an enjoyable but structured learning process.

This KANJI WORKBOOK is a fully integrated component of the JAPANESE FOR YOUNG PEOPLE series for young learners who want to learn the ninety kanji introduced in JAPANESE FOR YOUNG PEOPLE III: STUDENT BOOK. This workbook offers a unique and proven approach to writing accurate and well-formed kanji.

This fully illustrated workbook uses a combination of traditional writing and reading drills and an entertaining selection of puzzles to facilitate user-friendly study for learners encountering a foreign script for the first time.

Learning Objectives

The chief objective of using this workbook is to learn how to recognize, read, write, and understand the core meanings of the ninety kanji characters introduced in JAPANESE FOR YOUNG PEOPLE III: STUDENT BOOK. Many Japanese words and example sentences are included in this workbook, however, as a means of introducing the kanji and we have deliberately selected only very basic vocabulary and sentence patterns, most of which also appear in JAPANESE FOR YOUNG PEOPLE III: STUDENT BOOK or other levels of this course.

Japanese Script

The native Japanese phonetic scripts, hiragana and katakana, are introduced from the earliest stages of JAPANESE FOR YOUNG PEOPLE I: STUDENT BOOK. Learners are required to have mastered native hiragana and katakana scripts and the seventy kanji characters introduced in JAPANESE FOR YOUNG PEOPLE II: KANJI WORKBOOK before starting this book. Learners unfamiliar with kana should complete JAPANESE FOR YOUNG PEOPLE I: KANA WORKBOOK, a fully integrated component of this series and the seventy kanji in JAPANESE FOR YOUNG PEOPLE II: KANJI WORKBOOK before tackling JAPANESE FOR YOUNG PEOPLE III: KANJI WORKBOOK.

Learners are exposed to a total of 160 kanji characters in the thirty lessons of the second and third volumes. From the very first lesson of JAPANESE FOR YOUNG PEOPLE II: STUDENT BOOK, all words that can be rendered either fully or partially by the seventy kanji introduced in that volume are so rendered, but with furigana pronunciation guides printed in small type beneath each kanji. So, for example, in Lesson 16—the first lesson—a total of thirteen characters (手 日 本 一 年 生 四 人 行 口 二 男 女) are used. Learners, however, are not expected to master all thirteen characters at this stage. Instead, learners are required to study the characters that appear in the **New Kanji** list on the first page of every lesson. In Lesson 16, for example, three of the characters used in this lesson (一 四 二) and four other numbers (三 五 六 七) are introduced as **New Kanji**.

All **New Kanji** have been carefully selected according to strict criteria: We have included the basic characters with simple forms, kanji that represent vocabulary that learners already know, and other basic kanji that can be used as components to form more complicated characters. Particular care has also been placed in the order in which kanji are introduced in this volume: Where possible we have tried to group together characters of similar meaning, thus supporting the sometimes difficult process of kanji acquisition. For example, in Lesson 36, we introduced four characters that are used to write colors in Japanese. Likewise, in Lesson 42, learners will meet the four characters (東 西 南 北) for the four points of the compass. Naturally the adoption of this approach means that the number of kanji introduced in each lesson is variable. The maximum number of kanji introduced in any lesson is seven and the minimum is three.

New readings of any kanji previously learned in JAPANESE FOR YOUNG PEOPLE II: KANJI WORKBOOK are presented in the title of the relevant lesson (in smaller print to the right of the main title, with furigana showing the new reading) and practiced in the Writing and Reading sections.

Note that some compounds are partially written with kanji in JAPANESE FOR YOUNG PEOPLE III: STUDENT BOOK where usually one would expect to see them written with two or three kanji. For example, the compounds 先輩, 黒板 and 誕生日 are written 先ぱい, 黒ばん and たんじょう日, with the kanji not introduced in this volume appearing in hiragana. This reflects our philosophy that at this stage, at least, it is more important to provide the learner with opportunities to recognize any character than it is to adhere to strict rules of Japanese orthography. It also similar to how kanji is presented in Japanese elementary-school textbooks, imitating the way in which most native Japanese are first exposed to kanji.

Note that there are some words, such as としょかん which are written entirely in hiragana in the Student Book even though part of the word (in this case 書) theoretically at least could be written in kanji. In this workbook, however, many such words have been partially written in kanji (と書かん) to maximize the learner's exposure to the ninety kanji introduced at this level of the course. Also note that all place names have been rendered in kanji in JAPANESE FOR YOUNG PEOPLE III: STUDENT BOOK. Kanji not introduced in this workbook have been italicized.

Structure of Japanese for Young People III: Kanji Workbook

A third Warm-up Lesson has been included at the beginning of this workbook on page xi. Learners can find out about how Japanese children are taught kanji and seek encouragement from a survey that shows only a relatively small number of kanji are needed to read a newspaper.

The core of JAPANESE FOR YOUNG PEOPLE III: KANJI WORKBOOK is divided into fifteen lessons (Lessons 31 to 45) which exactly correspond to the lessons in JAPANESE FOR YOUNG PEOPLE III: STUDENT BOOK. All fifteen lessons share a similar structure which is described in detail below.

At the back of this book we have included two indexes that can be used to look up all ninety kanji introduced at this level of the course. Learners can look up kanji by either its total number of strokes or by its ON or KUN reading as given in this workbook. Learners should be encouraged to practice looking up kanji in this way as it will facilitate use of regular Japanese-English Kanji dictionaries in the future.

LESSON STRUCTURE

Each lesson in this workbook comprises the following sections.

1. Title

All new kanji introduced in each lesson are presented as that lesson's title, with any new readings printed to the right in a smaller size.

2. Learn the Kanji—おぼえましょう

The first few pages of each lesson in this workbook present essential information about each individual kanji in the form of a chart as shown below:

① Kanji Number

A number to identify the kanji based on the order it appears in this workbook, i.e. the first kanji is number 71 and the last kanji is number 160.

② Stroke Number

The total number of strokes used to write the kanji.

③ Kun Reading

The KUN reading of each kanji is given in hiragana. In case where only part of a word is written in kanji, such as 大きい, a hyphen is used to separate the kanji and hiragana part of the reading.

④ On Reading

The ON reading of each kanji is given in katakana.

⑤ English Equivalents

English equivalents for the core meaning(s) of each kanji are provided on the right-hand side of the chart.

⑥ Stroke Order

The order in which each kanji should be written.

⑦ Picture

A simple picture that illustrates the original meaning of each kanji has been included as a memory aid and also to make learners aware that kanji are indeed ideographs and not part of a phonetic syllabary.

⑧ Examples

Three or four example words are provided to illustrate how the kanji is actually used in combination with other kanji or hiragana to form words in Japanese.

⑨ Practice

Writing practice squares are provided for each kanji introduced in this workbook. The learner is encouraged to learn the stroke order by tracing over the shaded characters in the first two squares. Learners should then try and write the kanji for themselves, following the correct stroke order. A third shaded character is printed in the fourth square from the end. Learners should trace over this character to check that they have not forgotten the correct stroke order or form of the character.

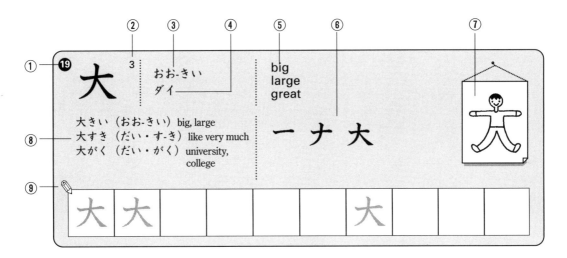

3. Writing—かきましょう

In each lesson a writing practice is provided for learners in the form of short Japanese sentences. A blank square with furigana pronunciation guides printed directly beneath appears in the parts of each sentence where learners are expected to supply the most appropriate kanji. Equal emphasis has been placed on both reproducing well-formed kanji and associating a particular kanji to a particular reading in context. In this way, learners are actively encouraged to actually understand the meaning and usage of each kanji as it is ordinarily used in written Japanese.

4. Reading—よみましょう

Reading ability is an important learning objective of kanji acquisition. Learners must be able to identify the meaning and pronunciation or reading of all the kanji that they will learn in this workbook. In each lesson a reading practice is provided for learners in the form of short Japanese sentences written in kanji and kana. Learners have to write the correct reading for each kanji directly beneath the character. Equal emphasis has been placed on both understanding the meaning of a given kanji and associating it to a particular reading in context. In this way, learners are actively encouraged to actually understand the meaning of each kanji in terms of its Japanese pronunciation.

5. Puzzles—あそびましょう

A selection of entertaining puzzles designed to reinforce effective kanji acquisition has been included in all the odd-numbered lessons and in the final lesson of this workbook.

The puzzle in Lesson 33 will help learners become familiar with counting the total number of strokes used to write a kanji. This is essential for using the index at the back of this workbook which lists the ninety kanji by the number of their strokes and all Japanese-English Kanji dictionaries. Simillarly, the puzzle in Lesson 42 will encourage learners to identify radicals and prepare them for using sophisticated Japanese-English Kanji dictionaries in the future.

All other puzzles are fundamentally word games involving words that have already been introduced.

6. Quiz

A Quiz is included at the end of each lesson to enable learners to check progress made in JAPANESE FOR YOUNG PEOPLE III: STUDENT BOOK. In the first level of the series, this section was included as part of the Student Book. To emphasize the importance of writing quiz answers in kanji and kana—and indeed as an indication of its function as a homework activity—we have made the Quiz an integrated part of the workbooks in the second and third levels.

ACKNOWLEDGMENTS

This textbook was written by three AJALT instructors, Sachiko Adachi, Harumi Mizuno, and Mieko Chōsho. They were assisted by Mitsuyoshi Kaji and Makoto Ogino. Special thanks are due to Hidemi Makino who single-handedly created all the illustrations in this workbook. The authors would also like to thank Paul Hulbert and other editorial staff at Kodansha International.

Preparation of this workbook was partially assisted with a grant from The Foundation of Language Education.

WARM-UP LESSON 3

In case you were wondering how many kanji characters are used in the Japanese language, the largest Japanese kanji dictionary lists a total of some 50,000 characters. This seemingly impossible figure, however, shouldn't put you off. Very few Japanese can actually recognize, read or write all of these 50,000 kanji and not knowing them doesn't create any obstacles in their everyday lives.

Japanese children set about learning kanji characters when they start elementary school at the age of six. First graders study hiragana, katakana and eighty characters and second graders learn another 160 characters. In fact, there is a fixed number of prescribed kanji to be mastered in each grade. Known as the *Gakushu Kanji* ("Kanji to be learned"), a total of 1,006 kanji characters are studied in the six grades of elementary school.

Mastering a further 939 characters over the next three years of junior high school brings the total to 1,945 kanji, the so-called *Joyo Kanji* or "Kanji for everyday use." Indeed, the media (public service texts, newspapers, magazines and so on) make a considered effort to use only these designated 1,945 characters and ensure that furigana pronunciation guides are printed either alongside (in vertical writing) or above (in horizontal writing) any other kanji that may be used. By contrast, in literary works such as novels and poems, an author may use all 50,000 characters freely.

Have a look at the following survey. It shows you how many kanji you need to know to read any ordinary Japanese newspaper or magazine.

Number of Kanji	Readable Proportion (%)
10	10.6%
50	27.7%
100	40.2%
200	56.1%
500	79.4%
1,000	93.9%
1,500	98.4%
2,000	99.6%
2,500	99.9%
3,000	99.9%

Don't you think that this chart is encouraging? With a knowledge of just 500 carefully chosen characters, it is possible to read eighty percent of the contents of a newspaper. You, as a reader of this series, already mastered seventy characters in the second volume, and now in this third workbook you are about to learn a further ninety characters. The most frequently used ten characters are 日・一・十・二・大・人・三・会・国・年. In the second workbook, you learned eight kanji from this list（日 一 十 二 大 人 三）and you will learn the remaining two kanji（会 国）in this third workbook. So the day when you'll be able to read Japanese newspapers and magazines is not far away after all. Go for it!

読聞 **①** おぼえましょう

---

❼ 君 7 クン

(title suffix for boys and men)

山本君（やま・もと・くん）
Yamamoto-kun

田口君（た・ぐち・くん）
Taguchi-kun

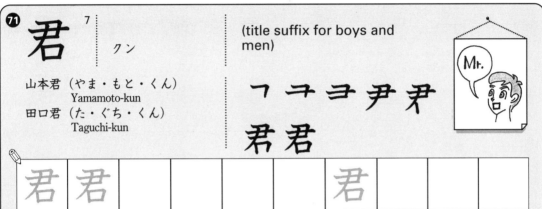

フ ユ ヲ 尹 君 君 君

| 君 | 君 | | | | | 君 | | |

---

❼❷ 近 7 ちか-い

near

近い（ちか-い） 学校（がっ・こう）
a nearby school

近く（ちか-く）
near, in the neighborhood

一 ノ 戸 斤 斤 近 近

| 近 | 近 | | | | | 近 | | |

---

❼❸ 遠 13 とお-い

far

遠い（とお-い） 町（まち）
a distant town

遠く（とお-く） far

一 十 キ 吉 吉
吉 吉 袁 遠 遠

| 遠 | 遠 | | | | | 遠 | | |

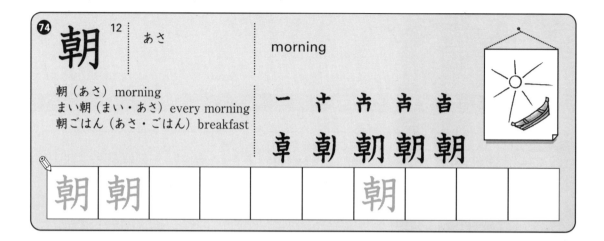

74 朝 ¹² あさ   morning

朝（あさ）morning
まい朝（まい・あさ）every morning
朝ごはん（あさ・ごはん）breakfast

一 十 古 古 古
卓 卓 朝 朝 朝

| 朝 | 朝 | | | | | 朝 | | | |

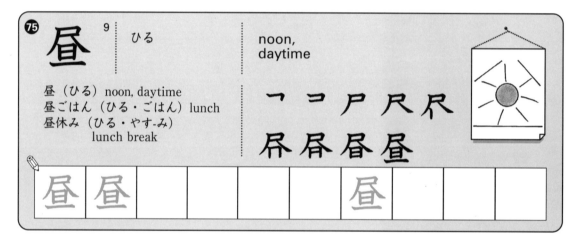

75 昼 ⁹ ひる   noon, daytime

昼（ひる）noon, daytime
昼ごはん（ひる・ごはん）lunch
昼休み（ひる・やす-み）
    lunch break

一 コ 尸 尺 尺
尽 昼 昼 昼

| 昼 | 昼 | | | | | 昼 | | | |

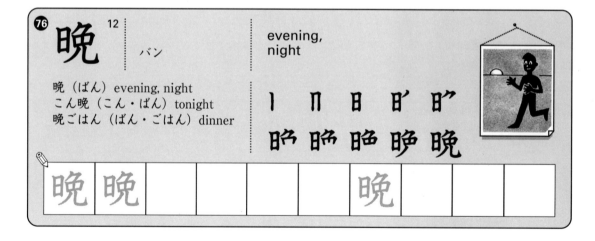

76 晩 ¹² バン   evening, night

晩（ばん）evening, night
こん晩（こん・ばん）tonight
晩ごはん（ばん・ごはん）dinner

丨 刀 日 日' 日'
晄 晘 晚 晚 晚

| 晩 | 晩 | | | | | 晩 | | | |

② 書きましょう

① ☐☐☐ の うち は ☐☐ から ☐ いですか。
　 むら やま くん　　　　がっ こう　　　とお

② ☐ の ☐ くに ☐ が あります。
　 まち　　ちか　　やま

③ ☐ ようびに ☐ に ☐ って、いっしょに ☐ ごはんを
　 ど　　　　やま　　い　　　　　　　　　ひる

☐ べませんか。
た

④ きのうは ☐ から ☐ まで ☐ でした。
　　　　　あさ　　　ばん　　　あめ

⑤ ☐ ごはんは ☐ が いいですか。
　 ばん　　　　なに

⑥ ☐☐☐ に あつまって、☐☐ に ☐ きます。
　 あさ く じ　　　　　　けん がく　　い

⑦ ☐☐☐ の うち は えきから ☐ いですか。
　 た やま くん　　　　　　　　ちか

⑧ ☐ に スパゲッティを ☐ べました。
　 ひる　　　　　　　　　た

 **3 読みましょう**

① 遠い 村。 近い 町。

② あしたの 昼 ミーティングを しませんか。

③ きのうの 晩 友だちと えいがを 見ました。

④ 朝の じゅぎょうを 休みました。

⑤ 二年生の きょうしつに 入って、テレビを 見ました。

⑥ 山本君は 朝 早く おきて、うちを 出ました。

⑦ ケーキを 食べて、ジュースを 飲みました。

⑧ 学校に あつまって、はくぶつかんの 見学に 行きます。

⑨ 中村君の うちは 近いですが、大村君の うちは 遠いです。

⑩ 朝から 晩まで ゲームを しました。

⑪ 昼休みに 近くの ゆうびんきょくへ 行きました。

⑫ こん晩 七時半から ぼんおどりが あります。

Combine the kanji on the left hand side of the equals sign to make a new, single kanji character as shown in the example.

ex.　人 ＋ 一 ＝ 　大　

① ノ ＋ 小 ＝ 　　　　② 田 ＋ 力 ＝ 　　

③ 日 ＋ 寺 ＝ 　　　　④ 女 ＋ 子 ＝ 　　

⑤ 木 ＋ 一 ＝ 　　　　⑥ 日 ＋ 一 ＝ 　　

⑦ 夕 ＋ 口 ＝ 　　　　⑧ 日 ＋ 十 ＝ 　　

⑨ 夕 ＋ 夕 ＝ 　　　　⑩ 十 ＋ 日 ＋ 十 ＋ 月 ＝ 　　

QUIZ

I. Write the appropriate particles in the parentheses. (If a particle is not required, put an × in the parentheses.)

1. 学校 （　　） 行って、じゅうどう （　　） れんしゅう （　　）
します。

2. きのう （　　） しんじゅく （　　） 行って、かいもの （　　）
しました。

3. しぶや（　）　でんしゃ（　）　のって、とうきょう（　）
おります。

4. まい晩（　）　九時半ごろ　おふろ（　）　入って、ねます。

5. きのうの　晩　しゅくだい（　）　して、少し（　）　テレビ（　）
見ました。

II. Join the sentence pairs to make one sentence as shown in the example.

ex.　としょかんへ　行きます。本を　読みます。

　　→　としょかんへ　行って、本を　読みます。

1.　昼ごはんを　食べます。こうていで　うんどうを　します。

　　→ _____

2.　こうえんへ　行きます。サッカーを　します。

　　→ _____

3.　お正月に　おとうさんに　3000円　もらいました。
きれいな　シャツを　かいました。

　　→ _____

4.　土よう日に　うちへ　来ませんか。
いっしょに　しゅくだいを　しませんか。

　　→ _____

5.　きのう　友だちの　うちへ　行きました。べんきょうを　しました。
うちへ　かえりました。

　　→ _____

III. Choose the correct particle from the options given in the parentheses as shown in the example.

ex.　わたしは　まい晩　10時半（まで・までに）ねます。

1.　わたしは　まい朝　7時（まで・までに）おきます。

2.　おととい　アメリカから　友だちが　来て、来しゅうの
　　金よう日（まで・までに）います。

3.　わたしは　まい日　3時半から　5時（まで・までに）サッカーの
　　れんしゅうを　します。

4.　あしたは　日よう日ですから、朝　10時（まで・までに）ねます。

5.　おとうさんの　たんじょう日ですから、5時（まで・までに）うちに
　　かえってください。パーティーをします。

IV. Read the Main Dialogue on page 6 of the Student Book to check whether each statement below is true or false. If it is true, put ○, and if false, put × in the parentheses.

1.　（　　）　バード君は　あした　学校へ　行きます。

2.　（　　）　バード君は　あした　学校へ　行って、べんきょうを
　　　　　　　します。

3.　（　　）　バード君は　あした　八時に　はくぶつかんへ　行きます。

4.　（　　）　バード君は　あした　学校から　はくぶつかんへ　行きます。

5.　（　　）　バード君は　あした　はくぶつかんの　見学を　して、
　　　　　　　みんなで　しゃしんを　とります。

6.　（　　）　バード君は　あした　おべんとうを　食べて、こうえんへ
　　　　　　　行きます。

読聞 ① おぼえましょう

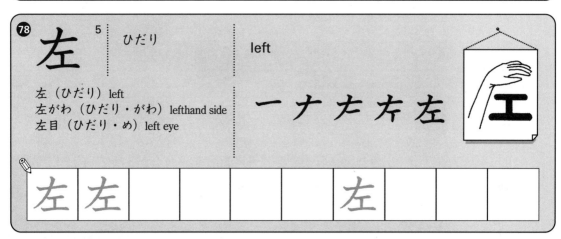

㊲ 右 ⁵　みぎ　　right

右（みぎ）right
右がわ（みぎ・がわ）righthand side
右手（みぎ・て）right hand

ノ ナ ナ 右 右

右　右　　　　　　　右

㊳ 左 ⁵　ひだり　　left

左（ひだり）left
左がわ（ひだり・がわ）lefthand side
左目（ひだり・め）left eye

一 ナ ナ 左 左

左　左　　　　　　　左

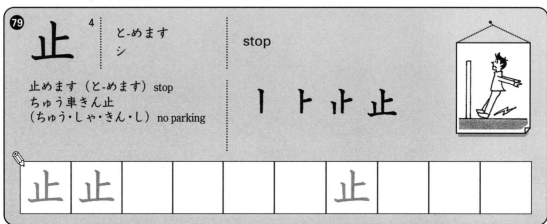

㊴ 止 ⁴　と-めます
　　　　シ　　stop

止めます（と-めます）stop
ちゅう車きん止
（ちゅう・しゃ・きん・し）no parking

丨 ト ㇌ 止

止　止　　　　　　　止

⑧⑩ 待 ⁹ ま-ちます　wait

待ちます（ま-ちます）wait
待ってください（ま-ってください）
　　　　　please wait

` ノ ク イ 行 仆`
`仕 往 待 待`

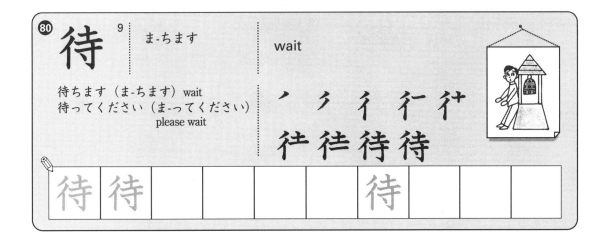

| 待 | 待 | | | | | 待 | | |

⑧① 店 ⁸ みせ　テン　shop

店（みせ）shop
ばい店（ばい・てん）concession
きっさ店（きっ・さ・てん）coffee shop

` 、 一 广 广 庐`
`庐 店 店`

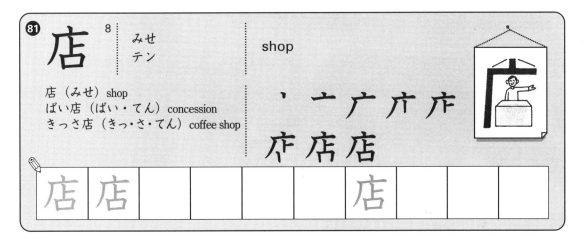

| 店 | 店 | | | | | 店 | | |

⑧② 駅 ¹⁴ エキ　station

駅（えき）station
とうきょう駅（とう・きょう・えき）
　　　　　Tokyo Station
駅前（えき・まえ）
　　　in front of the station

` l Γ Π 馬 馬`
`馬 馬 駅 駅 駅`

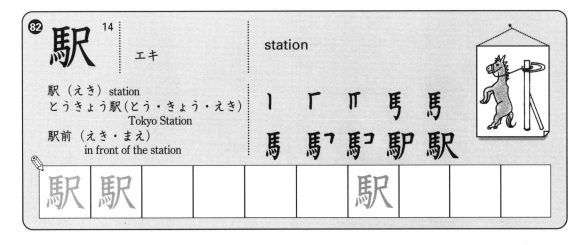

| 駅 | 駅 | | | | | 駅 | | |

② 書きましょう

① ☐と ☐を よく ☐てください。
  みぎ   ひだり   み

② みちの ☐がわに ☐が ありますか。
     ひだり   なに

③ ☐☐に どんな ☐が ありますか。
  えき まえ   みせ

④ ☐に まがって、はなやの むこうで ☐めてください。
  みぎ   と

⑤ ☐☐の ばい☐で えんぴつを ☐☐ かいました。
  がっ こう   てん   じゅっ ぽん

⑥ ちょっと ☐ってください。
      ま

⑦ ☐の ☐は とても しんせつでした。
  みせ ひと

⑧ ここは ちゅう☐きん☐ですから、☐に まがって、
         しゃ   し   ひだり

 ☐めてください。
 と

⑨ ☐で ☐ちましょう。
  えき ま

③ 読みましょう

① きっさ 店で　小学校の　友だちに　あいました。

② おじいさんの　村は　ここから　遠いですか。

③ あの　こうさてんを　左に　まがって、駅の　前で　止めてください。

④ その　店の　名前を　おしえてください。

⑤ 右手を　あげてください。

⑥ しょうしょう　お待ちください。

⑦ とうきょう中学の　近くへ　行ってください。

⑧ 駅を　出て、左へ　行ってください。

⑨ もう　少し　右です。

⑩ スーパーの　前で　止めましょう。

⑪ ばい店の　前で　待ちましょう。

⑫ 左目が　いたいです。

QUIZ

I. Write the appropriate particles in the parentheses. (If a particle is not required, put an × in the parentheses.)

1.　まど（　　）　あけてください。

2.　つぎ（　　）　かど（　　）　右（　　）　まがってください。

3.　A: ドア（　　）　しめましょう（　　）。

　　B: はい、おねがいします。

4.　駅（　　）　前（　　）　バス（　　）　のってください。

5.　こうさてん（　　）　手前（　　）　車（　　）　おりてください。

II. Make statements as shown in the example.

ex.　かみを　一まい　とります。

　　→ <u>すみません、かみを　一まい　とってください。</u>

1.　もう　一ど　いいます。

　　→ _____

2.　まどを　しめます。

　　→ _____

3.　これを　あそこに　おきます。

　　→ _____

4. あの　じしょを　かします。

　　→ _____

5. ゆっくり　はなします。

　　→ _____

6. ちょっと　読みます。

　　→ _____

III. Read the Main Dialogue on page 18 of the Student Book and answer the following questions.

1. かとう君は　どこに　でんわを　しましたか。

　　→ _____

2. かとう君は　ピザを　何まい　おねがいしましたか。

　　→ _____

3. かとう君は　どんな　ピザを　おねがいしましたか。

　　→ _____

4. 店の　人は　コーラを　何本　とどけますか。

　　→ _____

5. 店の　人は　かとう君に　何を　聞きましたか。

　　→ _____

IV. Make statements as shown in the example.

ex. ここへ　来ます。かきます。

　　→ ここへ　来て、かいてください。

1. おふろに　入ります。よく　あらいます。

　　→ ＿＿＿＿＿＿＿＿＿＿＿＿＿＿＿＿＿＿＿＿＿＿＿

2. まどを　あけます。そとを　見ます。

　　→ ＿＿＿＿＿＿＿＿＿＿＿＿＿＿＿＿＿＿＿＿＿＿＿

3. ゆうびんきょくへ　行きます。きっ手を　かいます。

　　→ ＿＿＿＿＿＿＿＿＿＿＿＿＿＿＿＿＿＿＿＿＿＿＿

4. 本を　出します。読みます。

　　→ ＿＿＿＿＿＿＿＿＿＿＿＿＿＿＿＿＿＿＿＿＿＿＿

5. くすりを　飲みます。ねます。

　　→ ＿＿＿＿＿＿＿＿＿＿＿＿＿＿＿＿＿＿＿＿＿＿＿

読聞　**1**　おぼえましょう

83　白 ⁵　しろ-い　white

白い（しろ-い）white

丶 亻 伯 白 白

白	白					白		

84　青 ⁸　あお-い　blue, green

青い（あお-い）blue, green

一 十 キ 圭 丰
青 青 青

青	青					青		

85　赤 ⁷　あか-い　red

赤い（あか-い）red
赤ちゃん（あか・ちゃん）baby

一 十 土 亣 赤
赤 赤

赤	赤					赤		

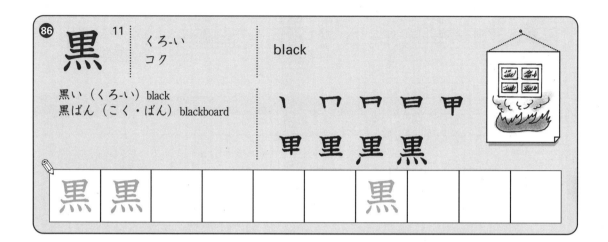

86 黒 11 くろ‐い コク　black

黒い（くろ‐い）black
黒ばん（こく・ばん）blackboard

丶 冂 冃 日 甲
甲 里 里 黒

黒 黒 ☐ ☐ ☐ ☐ 黒 ☐ ☐ ☐

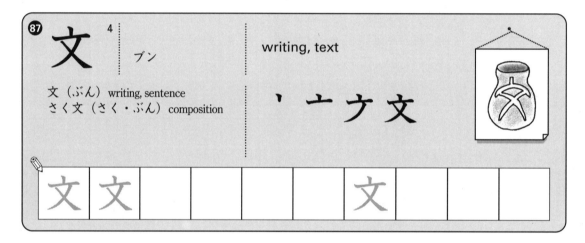

87 文 4 ブン　writing, text

文（ぶん）writing, sentence
さく文（さく・ぶん）composition

丶 亠 宁 文

文 文 ☐ ☐ ☐ ☐ 文 ☐ ☐ ☐

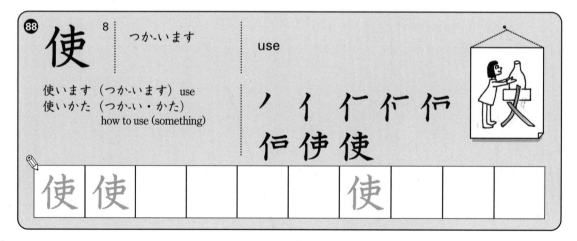

88 使 8 つか‐います　use

使います（つか‐います）use
使いかた（つか‐い・かた）
how to use (something)

ノ イ 仁 仁 伃
伃 伊 使

使 使 ☐ ☐ ☐ ☐ 使 ☐ ☐ ☐

② 書きましょう

① ここから ☐えき まで ☐とお いですか。

② あの ☐あお い ☐くるま を ☐つか っても いいですか。

③ ☐なん ☐じ から ☐やす んでも いいですか。

④ これは ☐ただ しい ☐ぶん です。

⑤ ☐あか ちゃんに ☐なに を あげましょうか。

⑥ ☐しろ い ☐いぬ と ☐くろ い ☐いぬ と どちらが ☐す きですか。

⑦ ☐に ☐ほん ☐じん は ☐め が ☐くろ いです。

⑧ なつ ☐やす みに さく ☐ぶん を かきましょう。

⑨ この じしょの ☐つか いかたを おしえてください。

17

3 読みましょう

① 赤い ファイルと 青い ノートを とってください。

② 黒ばんを 見てください。

③ きょう さく文の しゅくだいが あります。

④ ワープロの 使いかたが 分かりません。

⑤ この 白い ぼうしを かりても いいですか。

⑥ せなかが 青い とりは 何ですか。

⑦ この 黒い ペンを 使っても いいですか。

⑧ この 白い ねこの 名前は たまです。

⑨ 黒い かみを しまって、赤い かみを だしてください。

⑩ さく文の じゅぎょうが 大好きです。

⑪ 四時まで コンピューターを 使っても いいです。

⑫ この 日本ごの 文は 少し むずかしいです。

Count the number of strokes in the kanji that are printed below the pyramid. Write each kanji in a square in the appropriate row as shown in the example.

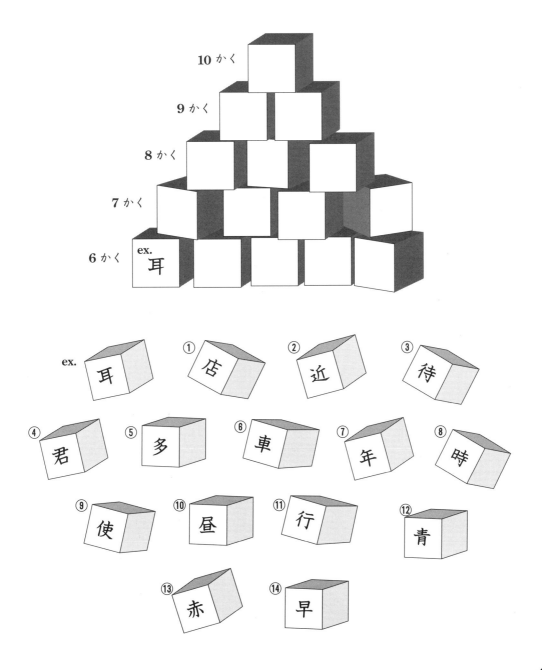

Q U I Z

I. Match each word on the left to its opposite on the right as in the exam-

ex.　出ます　　　　　　　　　・もらいます

1.　かします　　・　　　　　・しまいます

2.　つけます　　・　　　　　入ります

3.　のります　　・　　　　　・かります

4.　出します　　・　　　　　・おります

5.　ねます　　　・　　　　　・おきます

6.　あげます　　・　　　　　・けします

II. Complete the sentences using the verb indicated as in the example.

ex.　ここで　しゃしんを　（**とっても**）も　いいですか。　　　（とります）

1.　ここで　はなしを　（　　　　）も　いいですか。　　　　（します）

2.　でんきを　（　　　　）も　いいですか。　　　　　　　（つけます）

3.　でんわを　（　　　　）も　いいですか。　　　　　　　（かります）

4.　今　ジュースを　（　　　　）も　いいですか。　　　　（飲みます）

5.　5時まで　この　へやを　（　　　　）も　いいですか。　（使います）

III. Answer the questions.

1.　きょうしつで　アイスクリームを　食べても　いいですか。

　　　→ _____

2. きょうしつで はしっても いいですか。

   → _____

3. きょうしつで ねても いいですか。

   → _____

4. きょうしつで 本を 読んでも いいですか。

   → _____

IV. Read the Main Dialogue on page 28 of the Student Book to check whether each statement below is true or false. If it is true, put ○, and if false, put × in the parentheses.

1. ( ) バード君は きょう しゅくだいが あります。

2. ( ) バード君は ワープロが できます。

3. ( ) バード君は ワープロが あります。

4. ( ) バード君は けんくんの ワープロを 使って しゅくだいを します。

5. ( ) バード君は おとうさんの ワープロを かります。

34 石今外間音楽

読聞 **①** おぼえましょう

---

89 石 ⁵ いし — stone, rock

黒い（くろ-い）石（いし）a black rock
石田さん（いし・だ・さん）Mr. Ishida
大石さん（おお・いし・さん）
　　　Ms. Ōishi

一　厂　不　石　石

石	石				石			

---

90 今 ⁴ いま コン — now

今（いま）now
今晩（こん・ばん）this evening
今しゅう（こん・しゅう）this week
今月（こん・げつ）this month
[今年（ことし）this year]

ノ　人　𠆢　今

今	今				今			

---

91 外 ⁵ そと ガイ — out

うちの　外（そと）outside the house
外こく（がい・こく）abroad

ノ　ク　タ　夘　外

外	外				外			

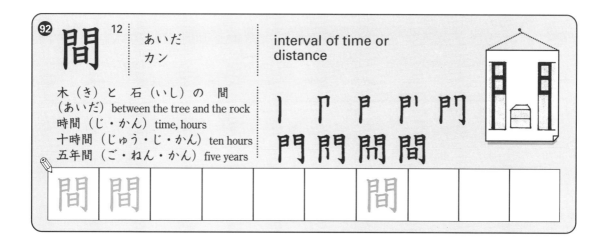

92 間 12 あいだ / カン — interval of time or distance

木（き）と 石（いし）の 間（あいだ） between the tree and the rock
時間（じ・かん） time, hours
十時間（じゅう・じ・かん） ten hours
五年間（ご・ねん・かん） five years

丨 冂 冂 門 門
門 門 間 間

間 間 間

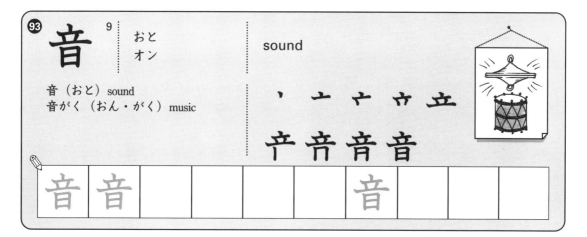

93 音 9 おと / オン — sound

音（おと） sound
音がく（おん・がく） music

丶 亠 立 立 立
产 咅 音 音

音 音 音

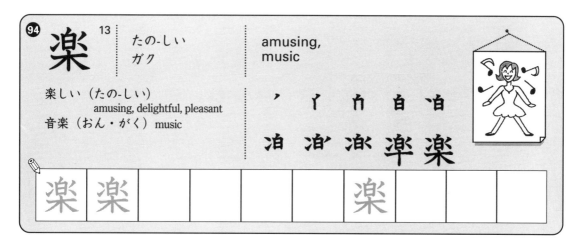

94 楽 13 たの-しい / ガク — amusing, music

楽しい（たの-しい）
　　amusing, delightful, pleasant
音楽（おん・がく） music

丶 ⼓ 甶 白 泊
泊 泊 泊 楽 楽

楽 楽 楽

① あの ☐ は ☐ ですか。
　　　　おと　　　なん

② ☐ に いすを ならべてください。
　　そと

③ あの ☐ の ☐☐ で ☐ めてください。
　　　　みせ　　て まえ　　と

④ ☐☐ は ☐☐ が ありません。
　　こん げつ　じ かん

⑤ ☐☐ さんは まだ ☐ で ☐ っています。
　　あお やま　　　　　そと　　ま

⑥ きれいな ☐ を さがして もってきてください。
　　　　　　いし

⑦ りょうしんは ☐ ☐ こくに います。
　　　　　　　　いま がい

⑧ きのうの パーティーは ☐ しかったです。
　　　　　　　　　　　　　たの

⑨ ☐ の ☐ を ☐ し ☐ に おいてください。
　　みぎ　　いし　　すこ　ひだり

③ 読みましょう

① ＿大きい　＿石と　＿小さい　＿石の　＿間に　かめが　います。

② ラモスさんは　ブラジルの　＿音楽を　＿聞いています。

③ ＿今　レポートを　＿読んでいます。

④ ＿今晩　＿二時間　べんきょうします。

⑤ ＿今年は　＿二千年です。

⑥ ＿時間が　ありません。＿早く　してください。

⑦ この　うみに　＿外こくの　ふねが　たくさん　＿来ます。

⑧ この　ラジオは　＿音が　いいです。

⑨ ＿石田君は　＿楽しい　＿人です。

⑩ ＿今から　＿外の　そうじを　しましょう。

⑪ ふゆ＿休みの　＿間に　＿好きな　＿本を　＿三さつ　＿読んでください。

⑫ ブラジルで　＿六年間　＿日本ごの　べんきょうを　しました。

★QUIZ★

I. Write the appropriate particles in the parentheses. (If a particle is not required, put an × in the parentheses.)

1. ここ（　　）　かばん（　　）　おいて（　　）　いいですか。

2. みどりちゃんは　げんかん（　　）　バード君たち（　　）　よんで います。

3. としょかん（　　）　その　本（　　）　さがしてください。

4. バード君は　まだ（　　）　ねています。

5. わたしは　じゅんび（　　）　できました（　　）、友だちは　まだ（　　） じゅんび（　　）　しています。

6. わたしの　うちは　学校（　　）　駅（　　）　間（　　）　あります。

II. Make statements as shown in the example.

ex.　バード君・ごはん・食べます

　　→ バード君は　今　ごはんを　食べています。

1. かとう君・シーディー・聞きます

　　→ _____

2. 山本君・シャワー・あびます

　　→ _____

3. 田中先生・れきしの　本・読みます

　　→ _____

4. 木村さん・ねこ・さがします

   → ＿＿＿＿＿＿＿＿＿＿＿＿＿＿＿＿＿＿＿＿＿＿＿＿

5. おかあさん・りょうり・します

   → ＿＿＿＿＿＿＿＿＿＿＿＿＿＿＿＿＿＿＿＿＿＿＿＿

III. Complete sentences with the appropriate form of the verbs indicated.

1. A: こうえんで　サッカーを　（　　　）ませんか。　　　　　（します）
   B: ええ、（　　　）ましょう。　　　　　　　　　　　　　　（します）

2. A: ここに　ごみを　（　　　）も　いいですか。　　　　　（すてます）
   B: いいえ、あそこに　（　　　）ください。　　　　　　　（すてます）

3. きのう　シーディーを　（　　　）、音楽を　（　　　）ました。
   　　　　　　　　　　　　　　　　　　　　　　（かります・聞きます）

4. A: さく文は　もう　（　　　）ましたか。　　　　　　　　（おわります）
   B: いいえ、まだ　（　　　）います。　　　　　　　　　　（かきます）

5. A: ここで　しゃしんを　（　　　）も　いいですか。　　　（とります）
   B: ええ、いいですよ。どうぞ。

IV. Read the Main Dialogue on page 36 of the Student Book to check whether each statement below is true or false. If it is true, put ◯, and if false, put × in the parentheses.

1. （　　） バード君たちは　ゆうびんきょくへ　行きます。

2. （　　） おかあさんと　みどりちゃんは　早く　じゅんびが　できました。

3. （　　） けん君は　朝　早く　おきました。

4. （　　） けん君は　今　はを　みがいています。

5. （　　） バード君と　けん君は　じゅんびが　おそいです。

6. （　　） おかあさんは　バード君たちを　外で　待っています。

35 私寺社春夏秋冬

読聞 **1** おぼえましょう

95 私 ⁷ | わたし | I, me

私（わたし）I, me

一 二 千 千 禾 私 私

私 私 ⬜ ⬜ ⬜ ⬜ 私 ⬜ ⬜ ⬜

96 寺 ⁶ | てら ジ | temple

お寺（お・てら）temple
とう大寺（とう・だい・じ）
　　Tōdai-ji temple

一 十 土 士 寺 寺

寺 寺 ⬜ ⬜ ⬜ ⬜ 寺 ⬜ ⬜ ⬜

97 社 ⁷ | シャ ジャ | shrine, company

かい社（かい・しゃ）company
じん社（じん・じゃ）shrine

、 ラ ネ ネ ネ 社 社

社 社 ⬜ ⬜ ⬜ ⬜ 社 ⬜ ⬜ ⬜

98 春 ⁹ はる   spring

春（はる）spring
春休み（はる・やす-み）
spring vacation

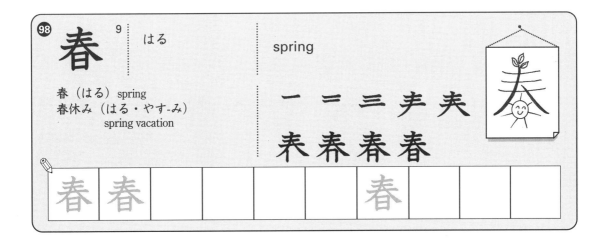

99 夏 ¹⁰ なつ   summer

夏（なつ）summer
夏休み（なつ・やす-み）
summer vacation

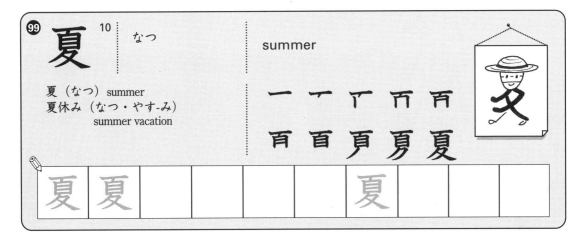

100 秋 ⁹ あき   autumn,
                                      fall

秋（あき）autumn, fall
秋休み（あき・やす-み）
fall vacation

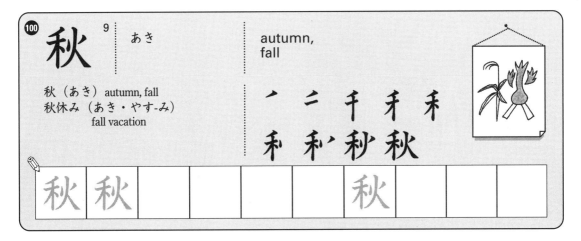

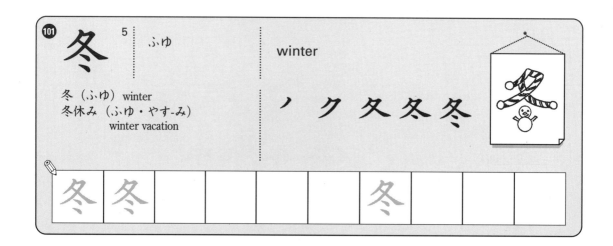

⑩101 冬 5 | ふゆ | winter

冬（ふゆ）winter
冬休み（ふゆ・やす-み）
winter vacation

丿 ク 夂 冬 冬

二 ② 書きましょう

① ☐☐みは ☐☐☐☐からです。
　（なつ）（やす）　（しち）（がつ）（はつ）（か）

② ☐は ☐☐みに おんせんに ☐きたいです。
　（わたし）　（ふゆ）（やす）　　　　　（い）

③ かい☐は ☐☐までですか。
　　（しゃ）　（なん）（じ）

④ ☐ちょうは あの ☐で しょくじを しています。
　（しゃ）　　　　（みせ）

⑤ この ☐は ☐の さくらが ゆう☐です。
　　　（てら）　（はる）　　　　（めい）

⑥ ☐☐の ☐は ☐☐ですか。
　（に）（ほん）（あき）（なん）（がつ）

③ 読みましょう

① とう大寺は　ゆう名な　お寺です。

② 日本人は　お正月に　じん社へ　行きます。

③ 私は　一年の　中で　夏が　いちばん　好きです。

④ 来年の　冬の　オリンピックは　どこで　ありますか。

⑤ 私は　春に　おはな見を　して、秋に　お月見を　したいです。

⑥ いい　音楽を　聞きたいです。

⑦ 今年の　夏休みは　どこへ　行きますか。

⑧ お寺を　見学したいです。

⑨ 今晩　友だちが　あそびに　来ます。

⑩ 駅は　遠いですか。

⑪ おとうとは　来年の　春に　小学校に　入ります。

⑫ きょうとには　お寺や　じん社が　たくさん　あります。

Match each kanji on the left with a kanji of opposite meaning on the right as shown in the example.

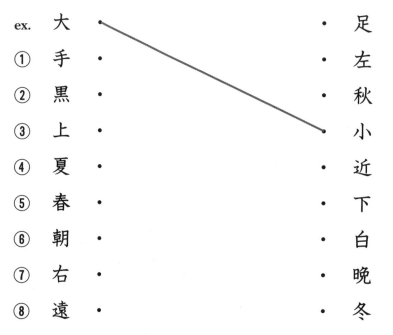

ex.	大	·	·	足
①	手	·	·	左
②	黒	·	·	秋
③	上	·	·	小
④	夏	·	·	近
⑤	春	·	·	下
⑥	朝	·	·	白
⑦	右	·	·	晩
⑧	遠	·	·	冬

QUIZ

I. Write the appropriate particles in the parentheses. (If a particle is not required, put an × in the parentheses.)

1. おかあさんは　スーパー（　　）　かいもの（　　）　行きました。

2. おとうさんは　今（　　）　かい社（　　）　しごと（　　）
   しています。

3. バード君は　学校（　　）　サッカー（　　）　れんしゅう（　　）
   し（　　）　行きました。

4. 私は　冬休み（　　）　ほっかいどう（　　）　スキー（　　）
　　行きたいです。

5. 私は　きょう（　　）　山本君の　うち（　　）　行って、
　　ゲーム（　　）　したいです。

II. Change the following sentences as shown in the example.

ex.　こうえんで　しゃしんを　とります。

　　→　<u>こうえんへ　しゃしんを　とりに　行きます。</u>

1.　うみで　つりを　します。

　　→　_____

2.　日よう日に　デパートで　とけいを　かいました。

　　→　_____

3.　夏休みに　山で　むしを　とりました。

　　→　_____

4.　あした　しんじゅくで　えいがを　見ます。

　　→　_____

5.　きのう　としょかんで　日本の　れきしに　ついて　しらべました。

　　→　_____

III. Answer the following questions as shown in the example.

ex. テレビを　見たいですか。

→ <u>いいえ、見たくないです。</u>

1. ダイビングを　したいですか。

→ <u>いいえ、</u>

2. 大きい　おんせんへ　行きたいですか。

→ <u>はい、</u>

3. ゆう名な　べんごしに　なりたいですか。

→ <u>いいえ、</u>

4. うちへ　かえりたいですか。

→ <u>はい、</u>

5. ふるい　音楽を　聞きたいですか。

→ <u>いいえ、</u>

IV. Circle the appropriate verbs from the options given in parentheses.

ex. てんきが　わるかったですから、（行きたかった・⦅行きたくなかった⦆）
です。

1. きのうは　とても　さむかったですから、
（およぎたかった・およぎたくなかった）です。

2. 山本君に　（あいたかった・あいたくなかった）ですが、
山本君は　来ませんでした。

3. おとうさんと　レストランへ　（行きたかった・行きたくなかった）
   ですが、おなかが　いたかったですから、うちに　いました。

4. サッカーを　（したかった・したくなかった）ですが、しゅくだいが
   たくさん　ありましたから、早く　かえりました。

5. 学校を　（休みたかった・休みたくなかった）ですが、
   ねつが　ありましたから、休みました。

V. Answer the questions.

1. あした　何を　したいですか。

   →　_____

2. 休みの　日に　どこへ　行きたいですか。

   →　_____

3. コンビニへ　何を　かいに　行きますか。

   →　_____

36
Lesson

川住所知売買持

読聞 ① **おぼえましょう**

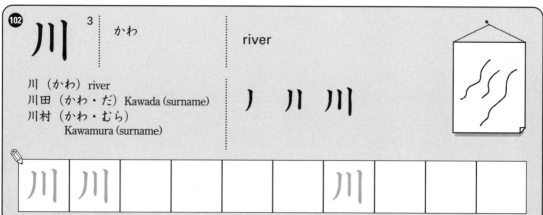

102 川 ³ かわ

river

川（かわ）river
川田（かわ・だ）Kawada (surname)
川村（かわ・むら）
　　　　Kawamura (surname)

丿 丿丨 川

川	川					川			

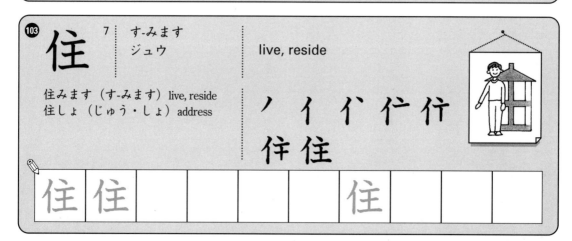

103 住 ⁷ す-みます
ジュウ

live, reside

住みます（す-みます）live, reside
住しょ（じゅう・しょ）address

丿 イ イ 仁 作
仹 住

住	住					住			

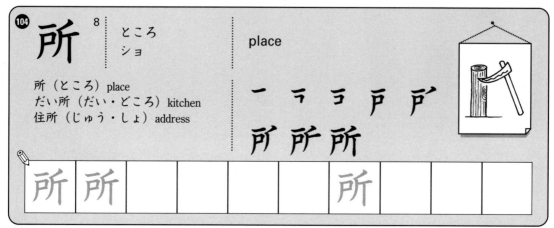

104 所 ⁸ ところ
ショ

place

所（ところ）place
だい所（だい・どころ）kitchen
住所（じゅう・しょ）address

一 ラ ヨ 戸 戸
戸 所 所

所	所					所			

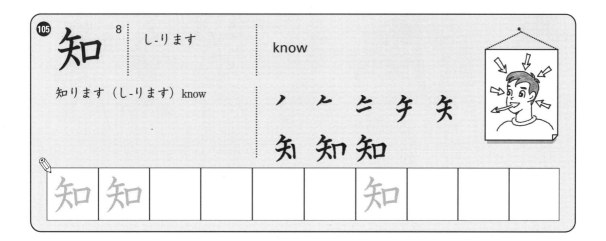

105 知 | 8 | し-ります | know

知ります（し-ります）know

ノ　ン　ヒ　チ　矢
知　知　知

106 売 | 7 | う-ります / バイ | sell

売ります（う-ります）sell
売店（ばい・てん）concession

一　十　士　产　声
声　売

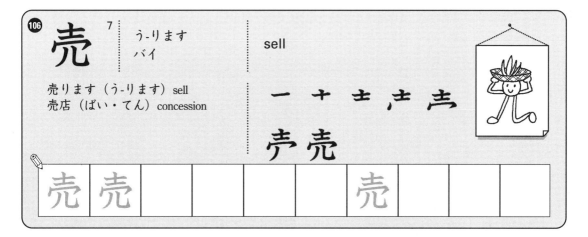

107 買 | 12 | か-います | buy

買います（か-います）buy
買いもの（か-い・もの）shopping

丶　口　罒　罒　罒
罒　罒　胃　買　買

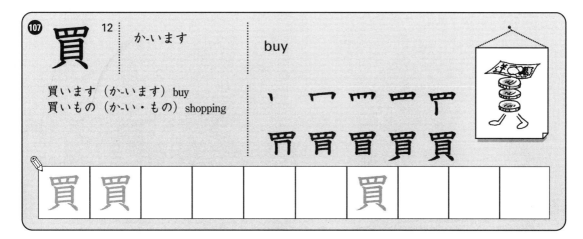

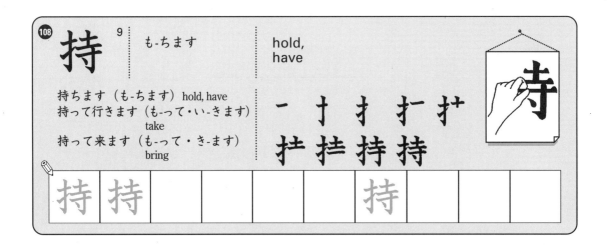

108 持	9	も-ちます	hold, have

持ちます（も-ちます）hold, have
持って行きます（も-って・い-きます）take
持って来ます（も-って・き-ます）bring

一 十 扌 扌 扌
扩 拌 持 持

持 持 　 　 　 　 持 　 　 　

二 ② 書きましょう

① ながさきは　どんな　□　ですか。
　　　　　　　　　　　ところ

② どこで　その　かわいい　かさを　□　いましたか。
　　　　　　　　　　　　　　　　　か

③ □□□ぱいの　□□を　□っていますか。
　かわ だ せん　　じゅう しょ　し

④ すみません、ちょっと　これを　□　ってください。
　　　　　　　　　　　　　　　も

⑤ おばあさんは　ニューヨークに　□んでいます。
　　　　　　　　　　　　　　　す

⑥ あの　□□で　□わの　カードを　□っていますか。
　　　ばい てん　でん　　　　　　う

3 読みましょう

① この　川は　水が　多いですね。

② あした　ゲームを　買いに　行きます。

③ CDは　どこで　売っていますか。

④ となりの　町まで　買い物に　行きました。

⑤ 私は　ゆき子さんの　住所を　知りません。

⑥ いい　じしょを　買いたいですが、どこで　売っていますか。

⑦ どんな　所に　住みたいですか。

⑧ 川村びょういんを　知っていますか。

⑨ いつから　この　町に　住んでいますか。

⑩ どんな　車を　持っていますか。

⑪ 本を　三さつ　買いました。

⑫ だい所に　花を　持って来てください。

QUIZ

I. Write the appropriate particles in the parentheses. (If a particle is not required, put an × in the parentheses.)

1. バード君　（　　）　かぞくは　アメリカ　（　　）　住んでいます。

2. 私は　山本君　（　　）　うち　（　　）　でんわばんごう　（　　）
    知っています。

3. 私は　日本語　（　　）　じしょ　（　　）　持っています。

4. ボールペンは　文ぼうぐや　（　　）　売っています。

5. おとうさんは　車　（　　）　何だい　（　　）　持っていますか。

II. Match the following objects with the most appropriate verb.

a. ex.	ネクタイ • ———————————— •	します
1.	めがね　•	• きます
2.	ぼうし　•	• はきます
3.	コート　•	• かけます
4.	ズボン　•	• かぶります

b. 1.	とけい　•	• します
2.	スカート　•	• きます
3.	コート　•	• はきます
4.	かぶと　•	• かけます
5.	サングラス •	• かぶります

III. Answer the questions.

1. けいたいを　持っていますか。

   → _____

2. おいしい　ハンバーガーは　どこで　売っていますか。

   → _____

3. 先生は　めがねを　かけていますか。

   → _____

4. おとうさんの　かい社の　住所を　知っていますか。

   → _____

IV. Read the Main Dialogue on page 56 of the Student Book to check whether each statement below is true or false. If it is true, put ○, and if false, put × in the parentheses.

1. (　　) バード君の　おばあさんが　アメリカから　来ました。

2. (　　) バード君の　おばあさんは　今　ニューヨークに 住んでいます。

3. (　　) バード君の　うちの　近くに　ゆう名な　川が　あります。

4. (　　) 田中先生は　セントラルパークを　知りません。

5. (　　) バード君は　おばあさんから　手がみを　もらいました。

37　切始終書禁話

大切
たい

① おぼえましょう

---

109 切 ⁴　き-ります　｜　cut
　　　　　　　セツ

切ります（き・ります）cut
大切（たい・せつ）important
しん切（しん・せつ）kind, gentle
切手（きっ・て）stamp

一　七　切　切

| 切 | 切 | | | | | 切 | | | |

---

110 始 ⁸　はじ-めます　｜　begin

始めます（はじ-めます）begin

く　タ　女　如　妁
始　始　始

| 始 | 始 | | | | | 始 | | | |

---

111 終 ¹¹　お-わります　｜　end,
　　　　　　　　　　　　　　　　　finish

終わります（お-わります）end, finish

く　幺　幺　糸　糸
糸　紀　終　終　終

| 終 | 終 | | | | | 終 | | | |

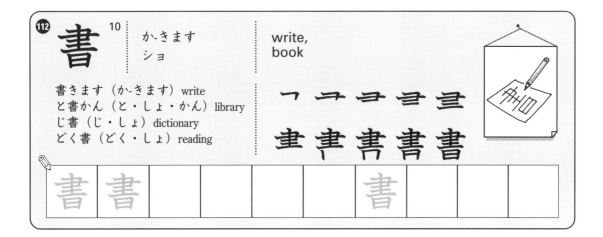

112 書 ⁱ⁰ か-きます ／ ショ　write, book

書きます（か-きます）write
と書かん（と・しょ・かん）library
じ書（じ・しょ）dictionary
どく書（どく・しょ）reading

フ　ヲ　ヨ　言　言
聿　聿　書　書　書

113 禁 ¹³ キン　prohibit

禁止（きん・し）prohibition
禁えん（きん・えん）no smoking

一　十　木　朩　林
林　梵　埜　禁　禁

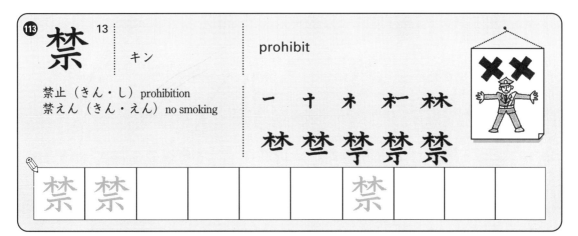

114 話 ¹³ はな-します ／ ワ　speak

話します（はな-します）speak
でん話（でん・わ）telephone

丶　言　言　言　言
訁　訐　訐　話　話

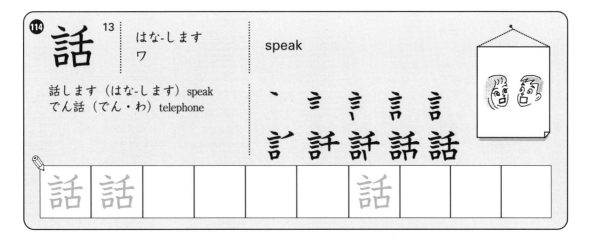

 ② 書きましょう

① これは　ちちの　□□な　じ□ですから、
たい　せつ　　　　　　しょ

□も　□かないでください。
なに　　　か

② ちょっと　□ってください。すぐ　□めます。
ま　　　　　　　　　　はじ

③ ミーティングは　□□に　□わりますか。
なん　じ　　　　お

④ □□さん、となりの　□と　□さないでください。
かわ　だ　　　　　　　　　　ひと　　　はな

⑤ ここは　ちゅう□□□ですから、
しゃ　きん　し

□を　□めないでください。
くるま　　　と

⑥ この　ケーキを　□ってください。
き

⑦ □の　□は　しん□でした。
みせ　　ひと　　　　せつ

⑧ □ちょう□□と　でん□で　□しました。
こう　　　せん　せい　　　　わ　　　　はな

③ 読みましょう

① 80 円の　切手を　10まい　買いました。

② 早く　始めて、　早く　終わりましょう。

③ 山本君は　よく　と書かんで　どく書を　します。

④ この　びじゅつかんは　さつえい禁止ですから、

　　しゃしんを　とらないでください。

⑤ はさみで　切らないで　ください。ナイフで　切ってください。

⑥ A：ペンで　書いても　いいですか。

　　B：いいえ、えんぴつで　書いてください。

⑦ これは　大切な　じ書ですから、なくさないで　ください。

⑧ もっと　大きい　こえで　話してください。

⑨ でん話を　しますから、　ちょっと　待ってください。

⑩ ミーティングを　始めてください。

⑪ 木村さんは　しん切な　女の　子です。

Count the number of strokes in the kanji printed below the chart. Write each kanji in a square in the appropriate row. An example has been done for you.

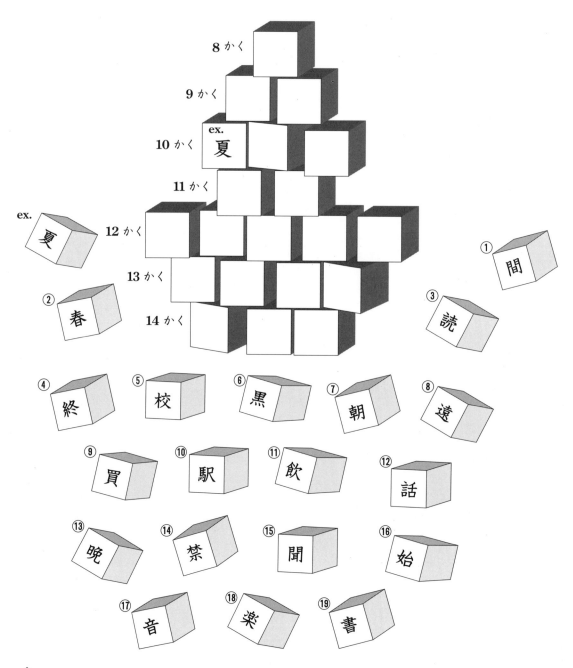

QUIZ

I. Write the appropriate particles in the parentheses. (If a particle is not required, put an × in the parentheses.)

1.　この　（　　）　いす　（　　）　すわらないでください。

2.　この　（　　）　へや　（　　）　使わないでください。

3.　ここ　（　　）　ごはん　（　　）　食べないでください。

4.　うるさいですから、しずか　（　　）　してください。

5.　これは　大切な　ものです　（　　）、ぜったい　（　　）
　　わすれないでください。

II. Complete the answers as shown in the example.

ex.　この　へやで　あそんでも　いいですか。

　　→　いいえ、あそばないでください。

1.　学校へ　バイクで　来ても　いいですか。

　　→　いいえ、

2.　じしょを　見ても　いいですか。

　　→　いいえ、

3.　これを　すてても　いいですか。

　　→　いいえ、

4. この　ジュースを　飲んでも　いいですか。

→ <u>いいえ、　　　　　　　　　　　　　　　　　　　　　</u>

5. 今　かえっても　いいですか。

→ <u>いいえ、まだ　　　　　　　　　　　　　　　　　　</u>

III. Make statements as shown in the example.

ex. しけんです・話しません

→ <u>しけんですから、話さないでください。　　　　　</u>

1. この　さかなは　ふるいです・食べません

→ _____

2. あしたの　クラスは　8時からです・ぜったいに　おくれません

→ _____

3. これは　大切な　ものです・なくしません

→ _____

4. うるさいです・おしゃべりを　しません

→ _____

5. ここは　ちゅう車じょうではありません・車を　止めません

→ _____

IV. Match each word on the left to its explanation on the right as shown in the example.

ex.　バスのりば　　　　　・　　　　　・　ここで　しゃしんを　とらないでください。

1.　さつえい禁止　・　　　　　・　ここで　たばこを　すわないでください。

2.　ちゅう車禁止　・　　　　　・　ここで　きっぷを　買ってください。

3.　禁えん　　　　・　　　　　・　ここに　車を　止めないでください。

4.　きっぷ売りば　・　　　　　・　ここで　バスに　のってください。

字毎語後午電

きょう中
じゅう

1 おぼえましょう

---

115 字 ⁶ ジ

letter, character

字（じ）letter, character
かん字（かん・じ）kanji
ローマ字（ローマ・じ）romanization

✏ | 字 | 字 | | | | | 字 | | | |

---

116 毎 ⁶ マイ

every

毎日（まい・にち）every day
毎朝（まい・あさ）every morning
毎しゅう（まい・しゅう）
　　　　every week

✏ | 毎 | 毎 | | | | | 毎 | | | |

---

117 語 ¹⁴ ゴ

language

日本語（に・ほん・ご）Japanese
フランス語（フランス・ご）French

✏ | 語 | 語 | | | | | 語 | | | |

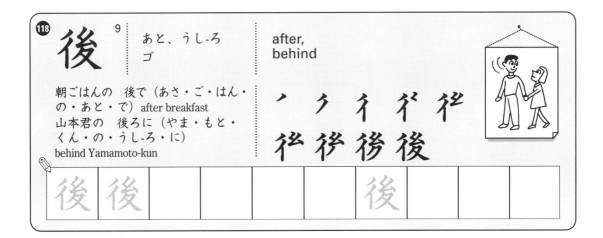

118 後 9 | あと、うし-ろ
ゴ

after,
behind

朝ごはんの　後で（あさ・ご・はん・
の・あと・で）after breakfast
山本君の　後ろに（やま・もと・
くん・の・うし-ろ・に）
behind Yamamoto-kun

ノ　ク　彳　彳　彳
彳　移　移　後

後　後　　　　　　後

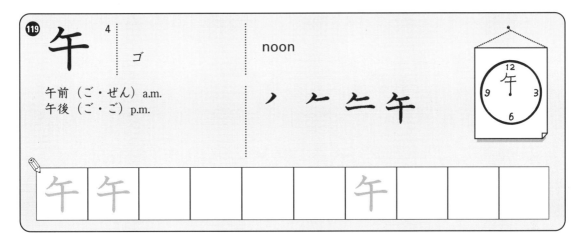

119 午 4 | ゴ

noon

午前（ご・ぜん）a.m.
午後（ご・ご）p.m.

ノ　ヒ　上　午

午　午　　　　　　午

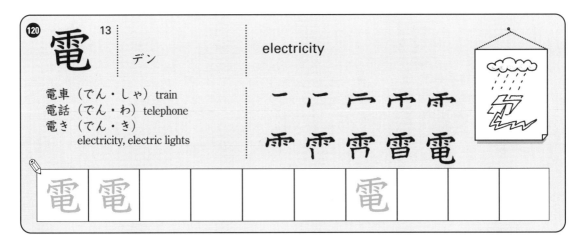

120 電 13 | デン

electricity

電車（でん・しゃ）train
電話（でん・わ）telephone
電き（でん・き）
electricity, electric lights

一　厂　戸　丙　雨
雫　雫　雫　雷　電

電　電　　　　　　電

二 ②　書きましょう

① ☐ ☐ ☐ の じゅぎょうは ☐ ☐ ☐ ☐ に あります。
　 に ほん ご　　　　　　　　　に じ かん め

② ☐ しゅう かん ☐ の テストが あります。
　 まい　　　　　じ

③ ☐ ☐ ☐ ☐ までに ☐ わらなければ なりません。
　 ご ご さん じ　　　　お

④ ☐ ☐ ☐ ☐ ☐ の しゅくだいを しなければ
　 まい ばん に ほん ご

なりません。

⑤ ☐ ☐ の じゅぎょうは ☐ ☐ ですか、☐ ☐ ですか。
　 おん がく　　　　　　　ご ぜん　　　　ご ご

⑥ ☐ ☐ ☐ だちと かん ☐ の べんきょうを しました。
　 ご ご とも　　　　　じ

⑦ コンサートの ☐ で、きっさ ☐ へ ☐ きましょう。
　　　　　　　　あと　　　　てん　　い

⑧ ☐ ☐ ☐ の ☐ だちに ☐ ☐ ☐ で
　 に ほん じん　とも　　　に ほん ご

☐ ☐ を しましたか。
でん わ

⑨ □□□に　かん□を　□□□

こん　ばん　じゅう　　　じ　　　に　じゅう　じ

おぼえなければ　なりません。

③ 読みましょう

① 　毎朝　　六時半に　おきなければなりません。

② 　午後から　　私の　うちへ　　木村君が　　来ます。

③ かん_字を　　百字ぐらい　べんきょうしました。

④ とうきょう_駅で　　午前　　九時の　　電車に　のりました。

⑤ 　木の　　後ろに　　黒い　　犬が　います。

⑥ ローマ_字で　　名前を　　書いてもいいですか。

⑦ 　山本君は　　毎日　えい_語の　カセットを　　聞きます。

⑧ きょう_中に　　終わらなければ　なりません。

⑨ この　けいたい_電話の　　使いかたを　おしえてください。

⑩ 　学校の　　後で、さく_文を　　書かなければなりません。

⑪ 　電きの　かい_社に　つとめています。

⑫ ソファーの　　前に　おかないでください。後ろに　おいてください。

Q U I Z

I. Answer the questions using "－なければ　なりません" as shown in the example.

ex. 毎日 日本語を　話さなければ　なりませんか。

　　→ <u>はい、毎日話さなければ　なりません。</u>

1. 毎日 そうじを　しなければ　なりませんか。

　　→ <u>はい、　　　　　　　　　　　　　　　　　　　　　　　　　　</u>

2. あしたの　朝　早く　おきなければ　なりませんか。

　　→ <u>はい、　　　　　　　　　　　　　　　　　　　　　　　　　　</u>

3. 毎日 せいふくを　きて　学校へ　行かなければ　なりませんか。

　　→ <u>はい、　　　　　　　　　　　　　　　　　　　　　　　　　　</u>

4. 学校へ　おべんとうを　持って行かなければ　なりませんか。

　　→ <u>いいえ、　　　　　　　　　　　　　　　　　　　　　　　　</u>

5. ワープロを　使わなければ　なりませんか。

　　→ <u>いいえ、　　　　　　　　　　　　　　　　　　　　　　　　</u>

II. Complete the questions so that they fit the answers.

1. A：あした　（　　　　　）を　持って行かなければ　なりませんか。
　 B：けいたいと　ちずを　持って行かなければ　なりません。

2. A：今　（　　　　）へ　行かなければ　なりませんか。

　　B：しょくいんしつへ　行かなければ　なりません。

3. A：あした　（　　　　）に　おきなければ　なりませんか。

　　B：5時に　おきなければ　なりません。

4. A：（　　　　）レポートを　出さなければ　なりませんか。

　　B：あした　出さなければ　なりません。

5. A：（　　　　）が　そうじを　しなければ　なりませんか。

　　B：私が　しなければ　なりません。

III. Answer the questions using "－なくても　いいです" as shown in the example.

ex. 電気を　つけましょうか。

　　→ <u>いいえ、つけなくても　いいです。</u>　　　　　　　　　　

1. 電気を　けしましょうか。

　　→ <u>いいえ、　　　　　　　　　　　　　　　　　　　　　　　　</u>

2. 先生を　よびましょうか。

　　→ <u>いいえ、　　　　　　　　　　　　　　　　　　　　　　　　</u>

3. ドアを　しめましょうか。

　　→ <u>いいえ、　　　　　　　　　　　　　　　　　　　　　　　　</u>

4. あした　この本を　持って来なければ　なりませんか。

　　→ <u>いいえ、　　　　　　　　　　　　　　　　　　　　　　　　</u>

5.　今　お金を　はらわなければ　なりませんか。

→　<u>いいえ、　　　　　　　　　　　　　　　　　　　　　　　</u>

IV. Read the Main Dialogue on page 78 of the Student Book to check whether each statement below is true or false. If it is true, put ○, and if false, put ✕ in the parentheses.

1.　（　　）　日よう日に　えい語ぶの　はっぴょうかいが　あります。

2.　（　　）　バード君は　はっぴょうかいを　見に　行きます。

3.　（　　）　10時から　パーティーが　あります。

4.　（　　）　バード君は　はっぴょうかいを　見に　行きたくないです。

5.　（　　）　バード君は　田中先生に　はっぴょうかいの　時間を　聞きました。

Lesson 39　高低安長空部

読聞 ① おぼえましょう

---

121 高 ⁱ⁰

たか-い
コウ

high

高い（たか-い）high, expensive
せが　高い（せ・が・たか-い）tall
高校（こう・こう）high school
高校生（こう・こう・せい）
　　high school student

、　亠　广　宀　古
户　亮　高　高　高

高	高					高			

---

122 低 ⁷

ひく-い

low

低い（ひく-い）low
せが　低い（せ・が・ひく-い）short

ノ　イ　亻　仧　伍
低　低

低	低					低			

---

123 安 ⁶

やす-い

cheap

安い（やす-い）cheap

、　丷　宀　灾　安
安

安	安					安			

124

長 8

ながーい
チョウ

long, chief

長い（ながーい）long
ほそ長い（ほそ・ながーい）long and narrow
校長先生（こう・ちょう・せん・せい）principal
社長（しゃ・ちょう）company president

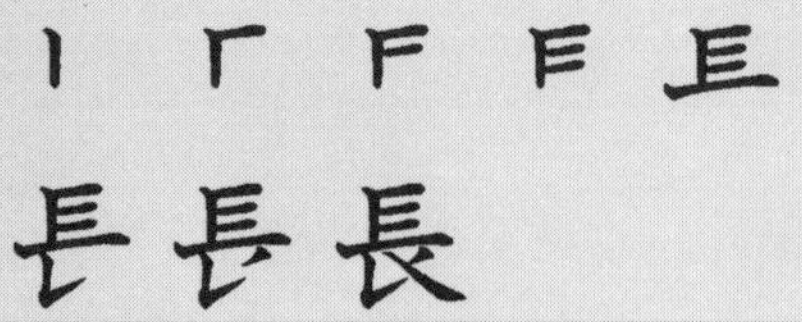

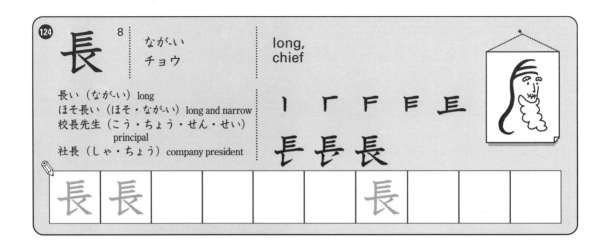

長 長 長

125

空 8

そら
クウ

sky, air

空（そら）sky
空き（くう・き）air
空こう（くう・こう）airport

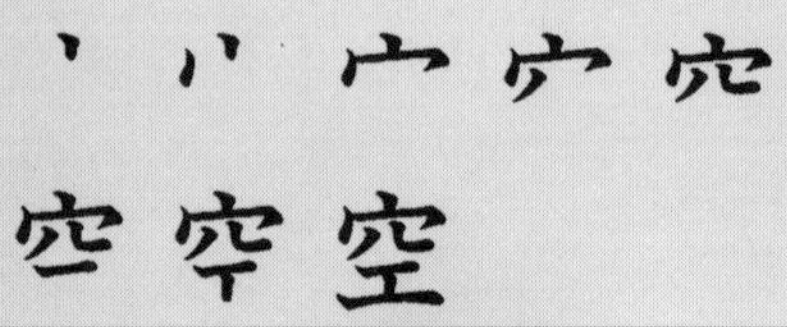

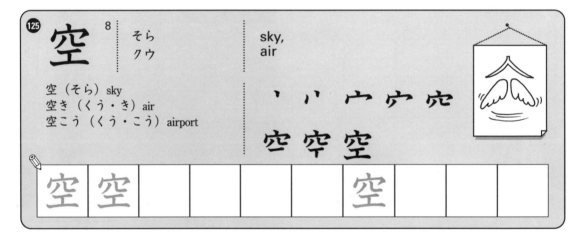

空 空 空

126

部 11

ブ

part, division

部（ぶ）part, division
水えい部（すい・えい・ぶ）swimming club
コーラス部（コーラス・ぶ）glee club
部長（ぶ・ちょう）division chief

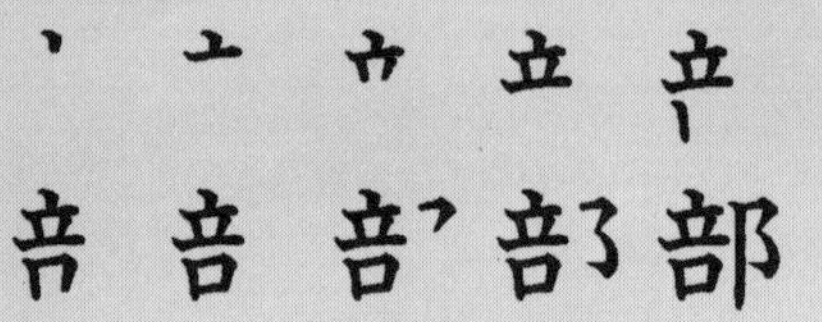

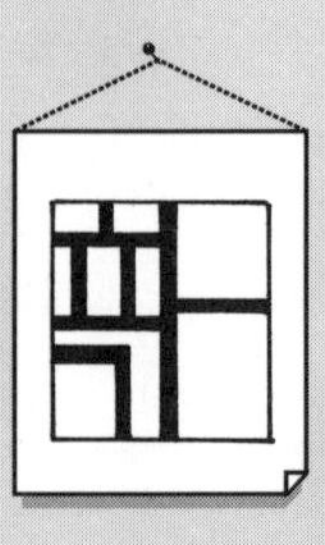

部 部 部

二 ② 書きましょう

① バードくんは せが ☐ くて、 ☐ が ☐ いです。
    たか   あし   なが

② ☐ は ☐ が ☐ くて、 ☐ きが きれいです。
   あき   そら   あお   くう

③ ゆき ☐ さんは コーラス ☐ に ☐ っています。
      こ   ぶ   はい

④ ☐☐ の ☐☐ は きびしいですか。
   に ほん   こう こう

⑤ この かばんは ☐ くて、 じょうぶです。
               やす

⑥ ☐☐☐ は せが ☐ いです。
   やま だ くん   ひく

⑦ ☐☐ さんは こうこくがい ☐ の ☐☐ です。
   かわ むら   しゃ   しゃ ちょう

⑧ ☐ さくて ☐ い カメラを ☐ いたいです。
   ちい   やす   か

⑨ ゆき ☐ さんの かみは ☐ くて、 ☐ くて、 きれいです。
      こ   くろ   なが

③ 読みましょう

① あの　店は　安くて、おいしいです。

② ゆき子さんは　せが　高くて、かみが　長いです。

③ バードくんは　じゅうどう部に　入っています。

④ 長野は　空が　青くて、空きが　おいしいです。

⑤ あの　高校生は　中学生より　せが　低いです。

⑥ 校長先生の　名前を　知っていますか。

⑦ アメリカの　学校の　夏休みは　長いですか。

⑧ けいたい電話は　高いですが、べんりです。

⑨ あの　低い　山の　名前は　何ですか。

⑩ 水えい部の　部長は　どなたですか。

⑪ 大きい　こえで　話してください。

⑫ 空こうまで　何で　行きましょうか。

Match the kanji on the left with the visible objects from which they were derived on the right.

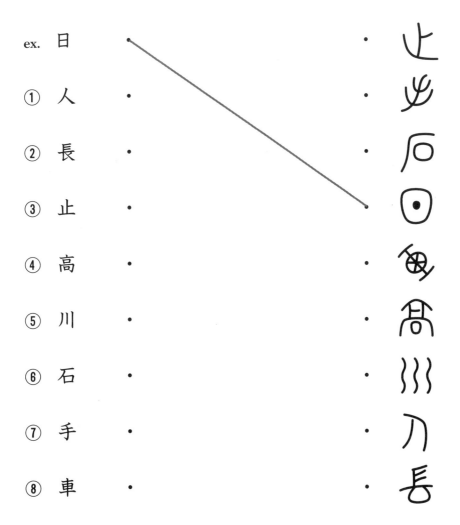

Q·U·I·Z

I. Make statements as shown in the example.

ex.　この　ジュース・安い・おいしい

→　<u>この　ジュースは　安くて、おいしいです。</u>

1.　山本君・あたまが　いい・まじめ

→　_____

2.　先生の　うち・学校から　近い・きれい

→　_____

3.　木村さん・しん切・やさしい

→　_____

4.　おとうと・10さい・小学生

→　_____

5.　この　コンピューター・小さい・かるい・べんり

→　_____

II. Answer the questions using the words in the parentheses as shown in the example.

ex.　とうきょうは　どんな　町ですか。　　　　　　（にぎやか・きれい）

→　<u>にぎやかで、きれいな　町です。</u>

1. ふじ山は　どんな　山ですか。　　　　　　（きれい・ゆうめい）

→ _____

2. きょうとは　どんな　町ですか。　　　　（れきしが　ふるい・しずか）

→ _____

3. どんな　くつが　ほしいですか。　　　　　（じょうぶ・かるい）

→ _____

4. どんな　音楽の　CDを　買いたいですか。　（にぎやか・楽しい）

→ _____

5. かとう君は　どんな　男の　子ですか。　　（げんき・おもしろい）

→ _____

III. Answer the questions using the words in the parentheses as shown in the example.

ex. その　りんごは　どうですか。　　　　　（あまい・おいしい）
　　→ <u>あまくて、おいしいです。</u>

1. その　ワープロは　どうですか。　　　　　（かんたん・べんり）

→ _____

2. その　みかんは　どうですか。　　　　（すっぱい・おいしくない）

→ _____

3. 学校の　としょかんは　どうですか。　　　　　　　（ひろい・きれい）

→ _____

4. べんきょうは　どうですか。　　（ときどき　むずかしい・つまらない）

→ _____

IV. Answer the following using the "～て" structure.

1. あなたの　先生に　ついて　書いてください。

→ _____

2. あなたの　町に　ついて　書いてください。

→ _____

3. あなたの　好きな　食べものに　ついて　書いてください。

→ _____

Lesson 40 会走天気公園

読書
どく

読聞

1 おぼえましょう

127

会 ⁶

あ-います
カイ／-ガイ

meeting, association

会います（あ・います）meet
うんどう会（うん・どう・かい）sports meeting
マラソン大会（マラソン・たい・かい）
　　　　　　　　marathon contest
会社（かい・しゃ）company
社会（しゃ・かい）society

ノ 入 仌 仐 会
会

会　会　　　　　　　　　会

128

走 ⁷

はし-ります

run

走ります（はし-ります）run

一 十 土 キ キ
赱 走

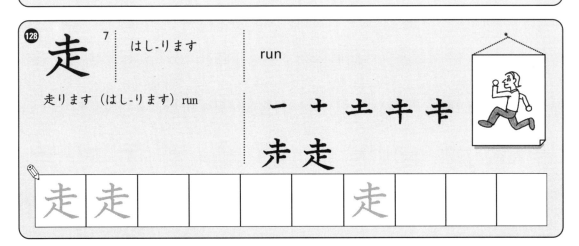

走　走　　　　　　　　　走

129

天 ⁴

テン

heaven

天き（てん・き）weather

一 二 テ 天

天　天　　　　　　　　　天

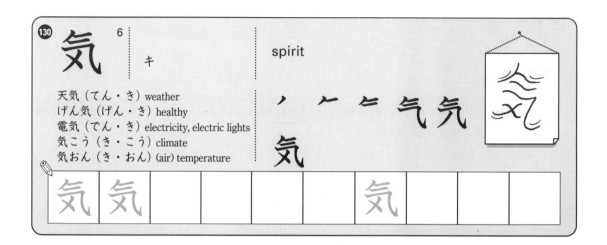

130 気 6 キ　　spirit

天気（てん・き）weather
げん気（げん・き）healthy
電気（でん・き）electricity, electric lights
気こう（き・こう）climate
気おん（き・おん）(air) temperature

ノ　ノ　二　气　気
気

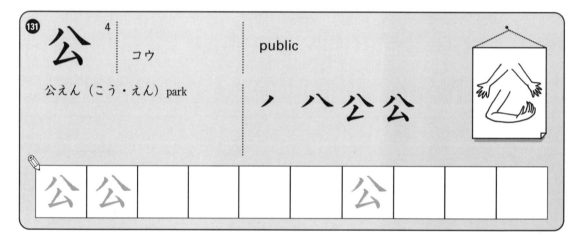

131 公 4 コウ　　public

公えん（こう・えん）park

ノ　八　公　公

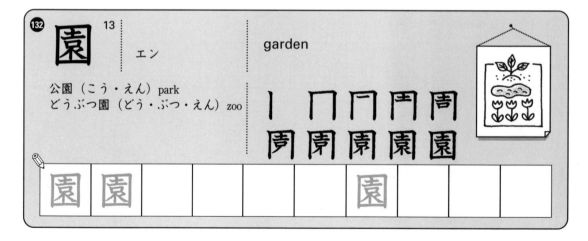

132 園 13 エン　　garden

公園（こう・えん）park
どうぶつ園（どう・ぶつ・えん）zoo

一　冂　冂　冃　周
冑　閑　閑　園　園

書きましょう

① ◻ よう ◻ に ◻ だちに ◻ って、えいがを ◻ た。
　　ど　　　び　　　とも　　　　あ　　　　　　　　　み

② いい ◻◻ ですから、 ◻◻ で おべんとうを
　　　　てん き　　　　　　　こう えん

　◻ べましょう。
　　た

③ うんどう ◻ で いっしょうけんめい ◻ った。
　　　　　　かい　　　　　　　　　　　　　はし

④ ◻◻ さんは きょう ◻◻ では ない。
　　き むら　　　　　　　げん き

⑤ くらいですから、 ◻◻ を つけてください。
　　　　　　　　　　　でん き

⑥ さく ◻ より ◻◻ の ほうが ◻ きです。
　　　ぶん　　　どく しょ　　　　　す

⑦ どうぶつ ◻ は ◻◻◻◻ からだ。
　　　　　　えん　　ご ぜん じゅう じ

⑧ A：◻◻ の ◻ で ◻ らないでください。
　　　がっ こう　　なか　　はし

　B：すみません。 ◻ を つけます。
　　　　　　　　　　き

③ 読みましょう

① 外は　気おんが　低い。

② きょうは　いい　天気だ。空が　青い。

③ 友だちと　公園に　あそびに　行った。

④ 三時に　駅の　前で　会いましょう。

⑤ マラソン　大会で　百人ぐらい　走った。

⑥ 中学生の　えい語の　はっぴょう会が　あった。

⑦ 山本君は　よく　と書かんで　読書を　する。

⑧ どうぶつ園の　売店で　おみやげを　買った。

⑨ 本を　読みたいですから、電気を　つけても　いいですか。

⑩ 来月　駅前の　公園で　ぼんおどりが　ある。

⑪ 遠いですから、気を　つけてください。

⑫ 黒い　犬が　走っている。

QUIZ

The following sentences are all written in the plain style. Change them into the polite style by rewriting the underlined parts in the polite form.

1. バード君は　かとうけの　人たちと　ゆうえんちへ　行く。

   おかあさんとみどりちゃんは　じゅんびが　できたが、バード君と　かとう君は　まだ　できない。

   みどりちゃんは　げんかんで　バード君たちを　よんでいる。おかあさんは　外で　待っている。

2. 田中先生は　はくぶつかんの　見学について　せつめいした。

   八時にあつまって、八時半に　学校を　出る。それから

   近くの　公園へ　行って、おべんとうを　食べる。

3. きょうは　たいいくの　日で、学校で　マラソン大会が　あった。

   学校から　中おう公園まで　十キロ　走った。

   一年生から　三年生まで　ぜんぶで　百人ぐらい　走った。

   あきら君は　とても　はやくて、八ばんだった。

ペンを　もらった。けん君も　走ったが、おそかった。

ゆき子さんが　見に　来たから、ぼくも　いっしょうけんめい

走ったが、あまり　はやくなかった。四十三ばんで、ざんねんだった。

ぼくも　ペンを　もらいたかった。

天気が　よかったから、少し　あつかった。

マラソンの　後で　ゆき子さんと　しゃしんを　とって、うちへ　帰った。

つかれたから、今日は　はやく　ねる。

あしたは　学校が　休みだから、けん君と　えいがを　見に　行く。

41 言思元父母花

読聞 **① おぼえましょう**

133　言 7　い-います　say

言います（いーいます）say

一　二　三　言　言　言　言

言　言　　　　　　　　言

134　思 9　おも-います　think

思います（おもーいます）think

丿　口　田　田　田　田　思　思　思

思　思　　　　　　　　思

135　元 4　ゲン　origin

元気（げん・き）healthy

一　二　テ　元

元　元　　　　　　　　元

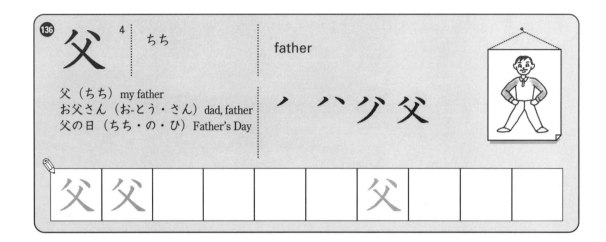

136 父 ⁴ ちち

father

父（ちち）my father
お父さん（お-とう・さん）dad, father
父の日（ちち・の・ひ）Father's Day

ノ ハ ク 父

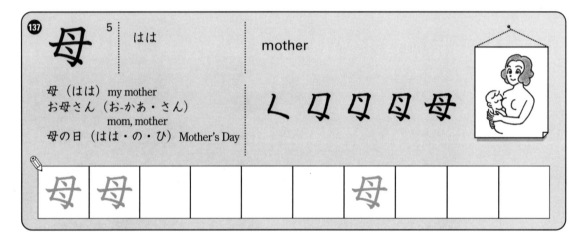

137 母 ⁵ はは

mother

母（はは）my mother
お母さん（お-かあ・さん）
　　　　mom, mother
母の日（はは・の・ひ）Mother's Day

く 乙 卫 母 母

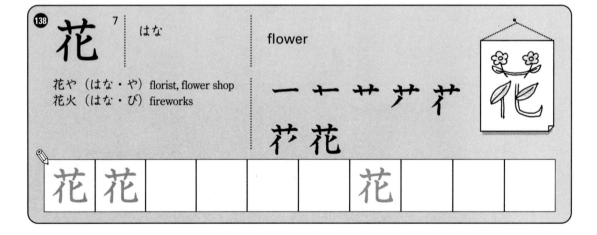

138 花 ⁷ はな

flower

花や（はな・や）florist, flower shop
花火（はな・び）fireworks

一 十 艹 艹 艹
艼 花

✏②　書きましょう

① みどりちゃんは ☐☐な ☐の ☐です。
げん　き　　おんな　　こ

② たんじょう☐に お☐さんに ☐を あげましたか。
　　び　　　　かあ　　　　はな

③ しゅうまつは いい ☐☐だと ☐います。
　　　　　　　　てん　き　　おも

④ ☐も ☐も ☐☐に ☐んでいます。
ちち　　はは　　がい　こく　　す

⑤ お☐さんは あした ☐☐は ☐みだと ☐っていました。
　とう　　　　　　かい　しゃ　やす　　　い

⑥ バード☐は ☐だちに ☐☐☐で ☐☐を します。
　　　くん　　とも　　に　ほん　ご　　でん　わ

⑦ ☐☐の ☐の ☐☐は ゆう☐です。
に　ほん　なつ　はな　び　　　めい

⑧ パーティーに ☐だちが ☐☐ ☐ると ☐いますか。
　　　　　　　　とも　　なん　にん　く　　おも

⑨ ☐くて ☐さい ☐が たくさん あります。
しろ　　ちい　　はな

73

③ 読みましょう

① あしたは　いい　天気だと　思います。

② 「company」は　日本語で　「会社」と　言います。

③ A：ごりょうしんは　お元気ですか。

　　B：はい、おかげさまで　父も　母も　元気です。

④ お母さんに　電話を　しましたか。

⑤ 花火は　とても　きれいでした。

⑥ お父さんの　会社は　うちから　近いです。

⑦ 母の　日に　花が　とどきました。

⑧ 田中先生は　来月　かん字の　テストが　あると　言っていました。

⑨ 日本の　音楽に　ついて　どう　思いますか。

⑩ コーラス部の　部長に　花を　あげました。

⑪ 「高校」は　えい語で　何と　言いますか。

Complete the missing parts of each kanji.

ex.　　　休　　　　　住　　　　　使

① 　　　木□　　　　木□　　　　□未

② 　　　□口　　　　□口　　　　□口

③ 　　　□日　　　　□日　　　　□日

④ 　　　□元　　　　□元　　　　□元

⑤ 　　　言□　　　　言□　　　　言□

⑥ 　　　彳□　　　　彳□　　　　彳□

⑦ 　　　□罒　　　　田□　　　　□罒

⑧ 　　　□ム　　　　□ム　　　　□ム

QUIZ

I. Write the appropriate particles in the parentheses.

1.　A：かとう君（　　）　うち（　　）　どこですか。
　　B：あの　公園（　　）　近くだ（　　）　思います。

2.　A：「たいいく」（　　）　えい語（　　）　何（　　）　言いますか。

　　B：「P.E.」（　　）　言います。

3.　A：ラモスさんは　いつ　友だち（　　）　会いますか。

　　B：あした　会う（　　）　言っていました。

II. Make statements as shown in the example.

ex.　バード「うちゅう人に　会いたいです。」

　　→ バード君は　うちゅう人に　会いたいと　言っていました。

1.　かとう「すう学の　べんきょうは　つまらないです。」

　　→ _____

2.　ラモス「日本が　好きです。」

　　→ _____

3.　みどり「おかあさんに　おりがみを　もらいました。」

　　→ _____

III. Read the Main Dialogue on page 112 of the Student Book and answer the following questions.

1. 土よう日に　かとう君の　うちで　何を　しますか。

→ _____

2. バード君は　友だちが　何人ぐらい　来ると　思っていますか。

→ _____

3. バード君は　ゆき子さんが　来ると　思っていますか。

→ _____

4. お母さんは　何を　買って、バード君は　何を　買いますか。

→ _____

IV. Answer the questions.

1. あしたは　雨だと　思いますか。

→ _____

2. かん字の　しけんは　むずかしいと　思いますか。

→ _____

3. 日本の　まんがは　おもしろいと　思いますか。

→ _____

4. 月へ　行きたいと　思いますか。

→ _____

5. 日本語で　手がみを　書きたいと　思いますか。

→ _____

V. Answer the questions.

1. じゅうどうに　ついて　どう　思いますか。

→ _____

2. コンピューターゲームに　ついて　どう　思いますか。

→ _____

3. 日本の　食べものに　ついて　どう　思いますか。

→ _____

4. 夏休みに　何を　したいと　思いますか。

→ _____

5. 何に　なりたいと　思いますか。

→ _____

読聞 ① おぼえましょう

139 夕 3 ユウ — evening

夕がた（ゆう・がた）evening
夕やけ（ゆう・やけ）sunset

ノ ク タ

✎ 夕　夕　　　　　　　　夕

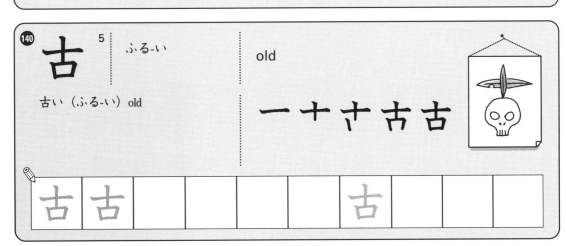

140 古 5 ふる-い — old

古い（ふる-い）old

一 十 ナ 古 古

✎ 古　古　　　　　　　　古

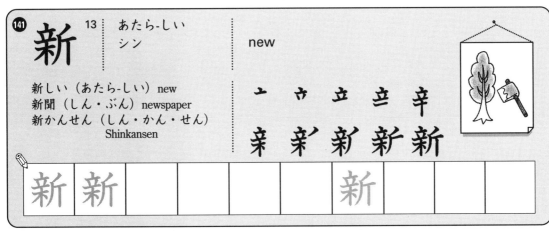

141 新 13 あたら-しい シン — new

新しい（あたら-しい）new
新聞（しん・ぶん）newspaper
新かんせん（しん・かん・せん）
　　Shinkansen

亠 立 立 立 辛
辛 新 新 新 新

✎ 新　新　　　　　　　　新

142 帰 10 かえ-ります | go back, return

帰ります（かえ-ります）return
帰り（かえ-り）return

丿 刂 刂ˊ 刂ᐟ 刂ᐠ
刂ᐟ 刂ᐟ 帰 帰 帰

帰 帰 　 　 　 　 帰 　 　 　

二 ✏ ② 書きましょう

① ☐ い ☐ やけ。
　　あか　　ゆう

② A： ☐ がた ☐ ☐ を　さんぽしない？
　　　ゆう　　こう　えん

　　B：いいね。それから ☐ の ☐ くへ ☐ ☐ を
　　　　　　　　　　　　かわ　　ちか　　　はな　び

　　　☐ に ☐ こう。
　　　み　　い

③ ☐ いですから、その　ミルクを ☐ まないで。
　　ふる　　　　　　　　　　　　　　の

④ ☐ ☐ ☐ の ☐ ☐ は　かん ☐ が ☐ い。
　　に　ほん　ご　　しん　ぶん　　　　じ　　　おお

⑤ バード ☐ は　いつ　アメリカへ ☐ る。
　　　　　くん　　　　　　　　　　　　かえ

⑥  □しい　CDを　□こう。
　　あたら　　　　　　　き

⑦ □と　□がたは　すずしい。
　　あさ　　ゆう

⑧ □かんせんで　□ろう。
　　しん　　　　　　かえ

📖 ③ **読みましょう**

① 夕がた　公園で　ブラジルの　音楽の　コンサートが　ある。

② 毎晩　何時ごろ　うちへ　帰る。

③ 山本君、新しい　えいがを　見に　行かない？

④ 古い　新聞を　すてて。

⑤ 夕やけが　きれいだから、あしたは　天気だと　思う。

⑥ 新かんせんで　長のへ　行こう。

⑦ 昼休みに　会社の　近くの　公園へ　行こう。

⑧ この　電車は　新しくて、きれいです。

⑨ お父さんは　きのうの　晩　早く　帰った。

⑩ 古い くつを すてて、新しいのを 買おう。

⑪ 日よう日は 朝から 夕がたまで あそびたいです。

⑫ くだものが 新しくて、 おいしい 所に 住みたいです。

4 あそびましょう

Combine the kanji on the left hand side of the equals sign to make a new, single kanji character as shown in the example.

ex. 日 + ノ = 白

① ノ + 小 = ☐   ② 田 + 力 = ☐

③ 日 + 寺 = ☐   ④ 女 + 子 = ☐

① 十 + 口 = ☐   ② ネ + 土 = ☐

③ 八 + ム = ☐   ④ 女 + ム + 口 = ☐

⑤ 言 + 千 + 口 = ☐   ⑥ 一 + 一 + 人 = ☐

⑦ ノ + 木 + ム = ☐   ⑧ 言 + 五 + 口 = ☐

QUIZ

I. Write the appropriate particles in the parentheses. (If a particle is not required, put an × in the parentheses.)

A: あした （　） いっしょ （　） スケート （　） 行かない？

B: うん、いいね。行こう。スケート （　） 後 （　） えいが （　）
見ない？

A: ええ、いいわね。何 （　） 見ましょうか。

B: あたらしい （　） ホンコンの えいが （　） どう。

II. Make a friendly dialogue as shown in the example.

ex. お母さん：きのう　何時に　ねましたか。
バード君　：10時に　ねました。

→ かとう君：きのう　何時に　ねた。

バード君：10時に　ねた。

1. 田中先生　：日本語は　やさしいですか。
ラモスさん：いいえ、むずかしいです。

→ 木村さん：＿＿＿＿＿＿＿＿＿＿＿＿＿＿＿＿

バード君：＿＿＿＿＿＿＿＿＿＿＿＿＿＿＿＿

2. 田中先生：みんなで　ピクニックに　行きませんか。
　　バード君：いいですね。行きましょう。

　　　→　　かとう君：_____

　　　　　　バード君：_____

3. お母さん：けいたいを　持っていますか。
　　バード君：いいえ、ありません。

　　　→　　かとう君：_____

　　　　　　バード君：_____

4. お母さん：バード君の　たん生日に　何を　買いましょうか。
　　ラモスさん：CDを　買いませんか。
　　お母さん：いいですね、そうしましょう。

　　　→　　山本君：_____

　　　　　　ラモスさん：_____

　　　　　　山本君：_____

5. 田中先生：かとう君は　元気でしたか。
　　木村さん：いいえ、あまり　元気ではありませんでした。

　　　→　　ラモスさん：_____

　　　　　　木村さん：_____

広東西南北国海

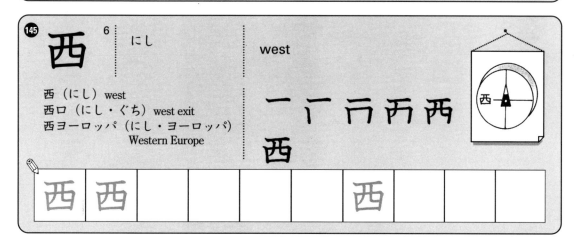

143

広 5 ひろ-い

wide

広い （ひろ-い） broad, wide
広さ （ひろ-さ） area, extent

、　亠　广　広　広

広	広				広			

144

東 8 ひがし　トウ

east

東 （ひがし） east
東口 （ひがし・ぐち） east exit
東きょう （とう・きょう） Tokyo

一　厂　厂　F　自
車　東　東

東	東				東			

145

西 6 にし

west

西 （にし） west
西口 （にし・ぐち） west exit
西ヨーロッパ （にし・ヨーロッパ）
　　　　Western Europe

一　厂　厅　西　西
西

西	西				西			

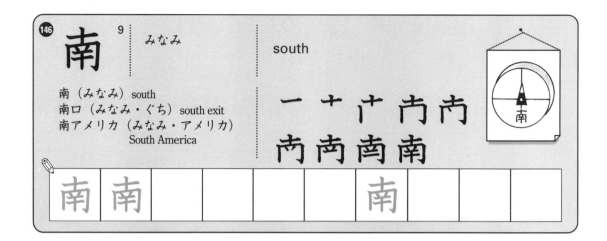

146 南 [9] みなみ — south

南（みなみ）south
南口（みなみ・ぐち）south exit
南アメリカ（みなみ・アメリカ）South America

一 十 ナ 内 内 内 南 南

南 南 南

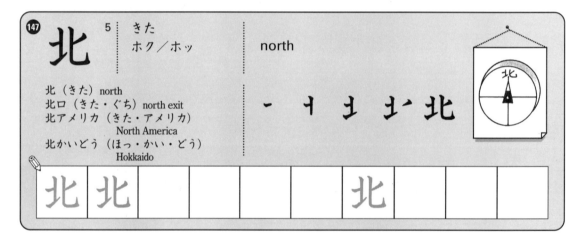

147 北 [5] きた／ホク／ホッ — north

北（きた）north
北口（きた・ぐち）north exit
北アメリカ（きた・アメリカ）North America
北かいどう（ほっ・かい・どう）Hokkaido

一 十 土 北 北

北 北 北

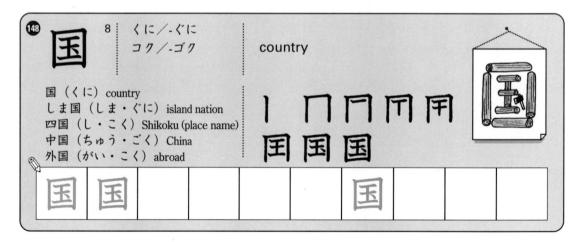

148 国 [8] くに／-ぐに／コク／-ゴク — country

国（くに）country
しま国（しま・ぐに）island nation
四国（し・こく）Shikoku (place name)
中国（ちゅう・ごく）China
外国（がい・こく）abroad

一 冂 冂 冃 用 国 国 国

国 国 国

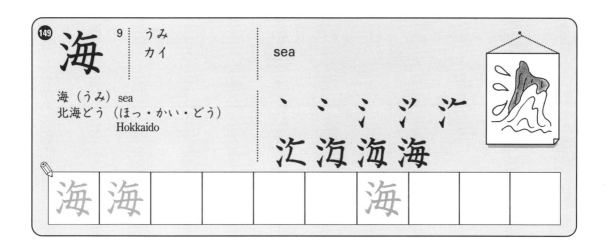

149 **海** 9 うみ カイ sea

海（うみ） sea
北海どう（ほっ・かい・どう） Hokkaido

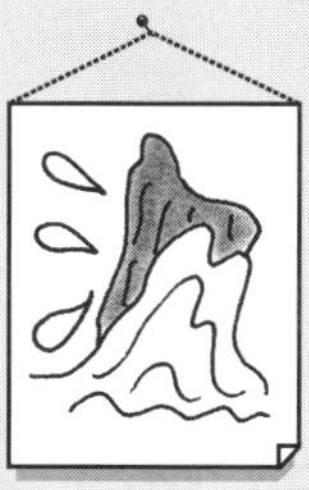

海 海 海

二 2 書きましょう

① □(あたら)しい スペイン□(ご)の □(ほん)は □(ふる)いのより いいですよ。

② □(うみ)は □(ひろ)くて、 □(あお)いです。

③ □(に)□(ほん)は □(きた)から □(みなみ)に □(なが)い □(くに)です。

④ □(せん)□(げつ) □(ほっ)□(かい)どうへ りょ□(こう) しました。

⑤ □(ひろ)しまは □(なが)さきより □(ひがし)に あります。

⑥ □(えき)の□(にし)□(ぐち)で □(ま)っています。

⑦ ☐ きょうと ☐ さかと　どちらが ☐ いですか。
　　とう　　　　　おお　　　　　　　　　　ひろ

⑧ ☐ しゅうは ☐ しゅうより ☐ に　あります。
　　ほん　　　　きゅう　　　　　きた

⑨ ☐☐ みに ☐ の ☐ で　およごう。
　　なつ やす　　みなみ　うみ

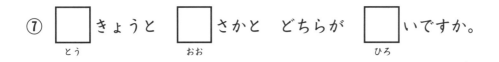

③ 読みましょう

① 日本は　アジアの　東に　あります。

② しま 国で、まわりは　海です。

③ 日本は　北から　南に　ほそくて、長い　国です。

④ ロサンゼルスは　ニューヨークより　西に　あります。

⑤ 中国の 広さは　九百五十九万 へいほうキロメートルです。

⑥ 北海どうへ　スキーに　行きたいです。

⑦ 二月は　一月より　気おんが　低いです。

⑧ 春休みに　外国へ　りょ 行しました。

⑨　広しまと　長さきと　どちらが　人口が　多いですか。

⑩　広い　空の　下で　おいしい　空気を　すいました。

⑪　東きょうの　海は　あまり　きれいではありません。

⑫　この　電車は　東から　西へ　走っています。

Match each kanji on the left with a kanji of opposite meaning on the right as shown in the example.

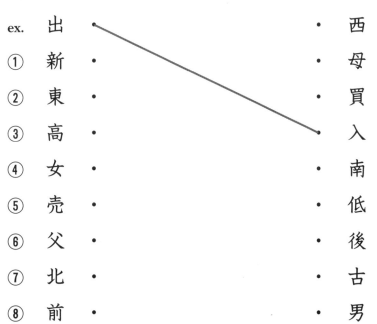

ex.　出　•　　　　　　•　西
①　新　•　　　　　　•　母
②　東　•　　　　　　•　買
③　高　•　　　　　　•　入
④　女　•　　　　　　•　南
⑤　売　•　　　　　　•　低
⑥　父　•　　　　　　•　後
⑦　北　•　　　　　　•　古
⑧　前　•　　　　　　•　男

QUIZ

I. Write the appropriate particles in the parentheses.

1.　インドは　日本（　　）　あついです。

2.　アメリカ（　　）　ブラジル（　　）　北（　　）　あります。

3.　ナンシーさんは　バード君（　　）　せ（　　）　高いです。

4.　土よう日（　　）　のぞいて、いつでも　つごう（　　）　いいです。

5.　ケーキ（　　）　食べました。そのほか（　　）　アイスクリームも　食べました。

II. Read the Main Text on page 128 of the Student Book to check whether each statement below is true or false. If it is true, put ○, and if false, put × in the parentheses.

1.　（　　）　日本は　しま国です。

2.　（　　）　日本には　人が　120,000,000人ぐらい　住んでいます。

3.　（　　）　北海どうは　本しゅうより　大きいです。

4.　（　　）　北海どうは　四国より　大きいです。

5.　（　　）　北海どうは　九しゅうより　大きいですが、本しゅうより　小さいです。

6.　（　　）　九しゅうは　北海どうより　あたたかいです。

7.　（　　）　夏の　はじめには　日本中　どこでも　よく　雨が　ふります。

8.　（　　）　冬　北海どうで　ゆきが　たくさん　ふります。

9.　（　　）　日本は　おんせんが　多いです。

10. （　　） さくらは　九しゅうでは　北海どうより　4か月ぐらい　早く
　　　　　　　さきます。

III. Read the Main Text on page 128 of the Student Book and answer the following questions.

1. 日本には　大きい　しまが　いくつ　ありますか。

　　→ _____

2. 日本の　ゆう名な　花は　何ですか。

　　→ _____

3. 日本では　いつ　雨が　たくさん　ふりますか。

　　→ _____

4. 日本は　へいやが　多いですか、少ないですか。

　　→ _____

5. 日本は　どうして　おんせんが　多いですか。

　　→ _____

 読聞 ① **おぼえましょう**

---

150 牛 | 4 | うし
ギュウ | cow, beef

牛（うし）cow
牛にく（ぎゅう・にく）beef
牛にゅう（ぎゅう・にゅう）milk

ノ ト 二 牛

牛 牛 | | | | | | 牛 | | |

---

151 肉 | 6 | ニク | meat, flesh

肉（にく）　meat
ぶた肉（ぶた・にく）pork
とり肉（とり・にく）chicken
牛肉（ぎゅう・にく）beef

一 冂 内 内 肉
肉

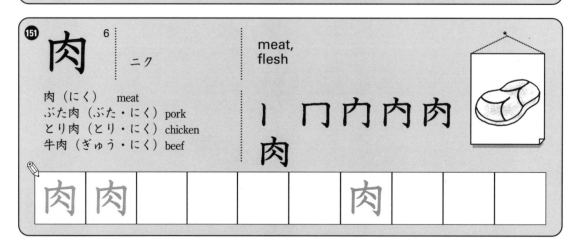

肉 肉 | | | | | | 肉 | | |

---

152 借 | 10 | か-ります | borrow

借ります（か-ります）borrow, rent

ノ イ 仁 仕 伫
供 借 借 借

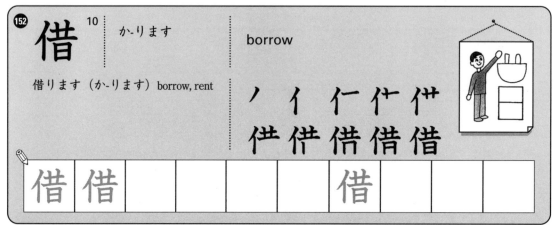

借 借 | | | | | | 借 | | |

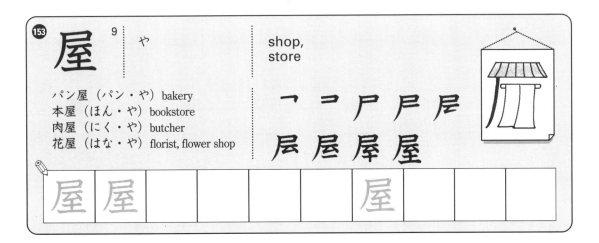

屋 9 や shop, store

パン屋 （パン・や） bakery
本屋 （ほん・や） bookstore
肉屋 （にく・や） butcher
花屋 （はな・や） florist, flower shop

一 コ 尸 尸 尻
尽 居 屋 屋

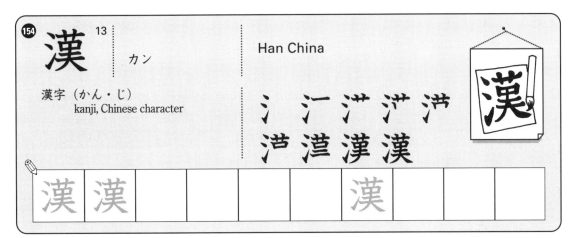

漢 13 カン Han China

漢字 （かん・じ）
kanji, Chinese character

氵 氵 汁 汁 沣
泔 渲 漢 漢

二 ✎ ② 書きましょう

① ☐☐ ☐☐ の テストが あります。
　 まい にち　かん じ

② この ☐しい じ☐ を ☐りても いいですか。
　　　 あたら　　 しょ　　 か

③ お☐に さようなら。
　　 さき

④ ☐☐は ☐べられるが、ひつじの ☐は ☐べられない。
　　ぎゅう　にく　　た　　　　　　　　　　　　にく　　　た

⑤ ☐は ☐☐は ☐く ☐れると ☐っていました。
　　ちち　　こん　ばん　　はや　　かえ　　　　い

⑥ ☐☐で ☐☐と ☐けますか。
　　かん　じ　　にく　や　　か

⑦ この ☐にゅうは ☐いと ☐います。
　　　　ぎゅう　　　　ふる　　　　おも

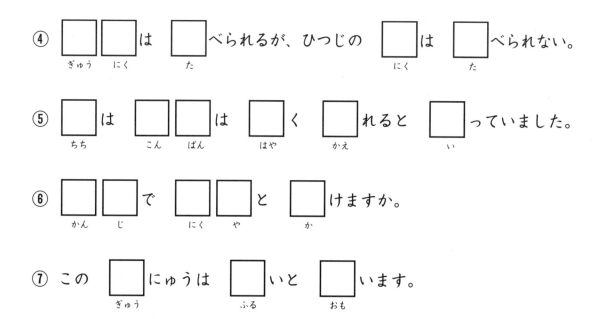

③ 読みましょう

① 北海どうで 牛や うまを たくさん かっています。

② お先に しつれいします。

③ 肉屋で 牛肉を 買って、すきやきを つくりましょう。

④ あの 店で ビデオが 何本 借りられますか。

⑤ バード君は 漢字が 百ぐらい 書けます。

⑥ かさは 公園の 近くの 花屋で 借りられると 思います。

Fill in the squares with a kanji that will make a word when read both horizontally and vertically.

ex.

①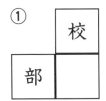

②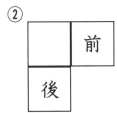

③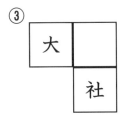

④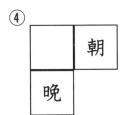

⑤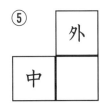

⑥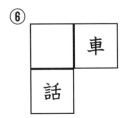

⑦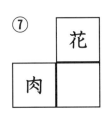

⑧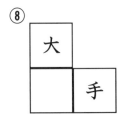

★Q★U★I★Z★

I. Write the appropriate particles in the parentheses.

1. バード君は　漢字（　　）　書けます。

2. みどりちゃんは　ひらがな（　　）　読めます（　　）、かたかな（　　）
読めません。

3. この　カード（　　）　きっぷ（　　）　買えますか。

4. お父さん（　　）　コンピューター（　　）　できます（　　）、
お母さん（　　）　できません。

5. 一人（　　）　きもの（　　）　きられますか。

II. Change the following sentences as shown in the example.

ex. この　漢字を　書きます。

→ この　漢字が　書けます。

1. 日本の　うたを　うたいます。

→

2. インターネットを　しません。

→

3. 9時に　来ますか。

→

4. 日本語で　電話を　かけます。

　　→ _____

5. ピアノを　ひきます。

　　→ _____

III. Answer the questions.

1. うなぎが　食べられますか。

　　→ _____

2. インターネットで　漢字が　しらべられますか。

　　→ _____

3. 何さいから　車が　うんてんできますか。

　　→ _____

4. ラモスさんは　英語が　話せると　思いますか。

　　→ _____

5. どんな　漢字が　書けますか。3つ　書いてください。
　　この　ページの　漢字は　書かないでください。

　　→ _____

京家紙着勉強

① おぼえましょう

155 京 8　キョウ　capital

東京（とう・きょう）Tokyo
京と（きょう・と）Kyoto

丶 亠 广 宁 古
宁 京 京

| 京 | 京 | | | | | 京 | | | |

156 家 10　いえ　house, family
　　カ、ケ

先生（せん・せい）の家（いえ）
　the teacher's house
川田家（かわ・だ・け）
　the Kawada family

丶 丷 宀 宁 宁
宁 宇 家 家 家

| 家 | 家 | | | | | 家 | | | |

157 紙 10　かみ、-がみ　paper

紙（かみ）paper
手紙（て・がみ）letter
おり紙（おり・がみ）origami

く 幺 幺 牟 糸
糸 紅 紅 紙 紙

| 紙 | 紙 | | | | | 紙 | | | |

158 着 12 つ-きます　き-ます　arrive, wear

着きます（つ-きます）arrive
着ます（き-ます）wear
着もの（き・もの）kimono

、　ソ　ソ　ソ　ソ
ソ　羊　羊　着　着

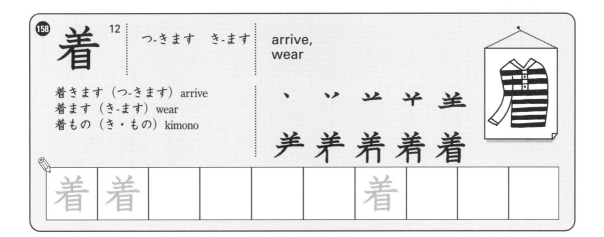

着　着　　　　　　着

159 勉 10 ベン　diligent, industrious

勉きょう（べん・きょう）study

ノ　ク　ケ　ム　ム
ム　乃　免　免　勉

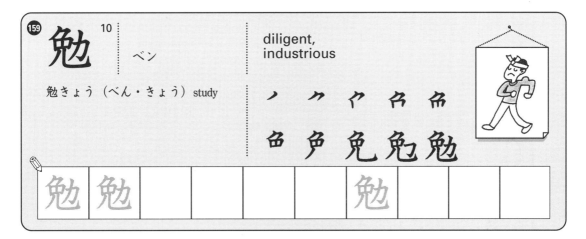

勉　勉　　　　　　勉

160 強 11 つよ-い　キョウ　strong

強い（つよ-い）strong
勉強（べん・きょう）study

フ　コ　弓　弓　弓
弘　弘　強　強　強

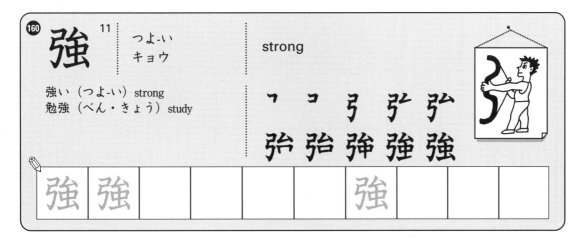

強　強　　　　　　強

① お ☐ ☐ に ☐ ものを ☐ よう。
　　 しょう がつ 　 き 　　 き

② ☐ ☐ みに ☐ ☐ ☐ の　ご ☐ ぞくと　すごせて
　 ふゆ やす 　 いし だ くん 　　 か

☐ しかったです。
たの

③ ラモスさんの　おばあさんの　☐ は ☐ ☐ に　あります。
　　　　　　　　　　　　　　 いえ 　 とう きょう

④ もう ☐ ☐ ☐ で ☐ ☐ が ☐ けますか。
　　　 に ほん ご 　 て がみ 　 か

⑤ バード ☐ は ☐ ☐ ☐ ☐ ☐ の ☐ ☐ ☐ で
　　　　 くん 　 いち ねん かん に ほん 　 ちゅう がっ こう

☐ ☐ しました。
べん きょう

⑥ ☐ ☐ を ☐ きたいですから、☐ を　ください。
　 かん じ 　 か 　　　　　　 かみ

⑦ ☐ ☐ は　かぜが ☐ いです。
　 こん ばん 　　　 つよ

3 読みましょう

① 毎日 漢字の 勉強を します。

② 赤い おり紙を 五まい ください。

③ 山本家の みなさんに 手紙を 書きました。

④ 東京駅の 南口で 会いましょう。

⑤ 夕がた 六時半に 家に 着きました。

⑥ 着ものを 買いたいですが、高いですか。

⑦ 私の 家は 東京の 西に あります。

⑧ この 紙に 漢字で 住所を 書いてください。

⑨ 友だちは 外国の 大学で 勉強しています。

⑩ 新かんせんは 何時に 京とに 着きますか。

⑪ 毎朝 七時に 家を 出て、六時ごろ 帰ります。

⑫ ひつじの 肉は においが 強いです。

Combine the radicals below with the components at the bottom of the page to form twenty-two kanji characters. An example has been done for you.

ex. 亠 | 京 | 高 | 夜

1. 斤 | ☐ | ☐ | ☐
2. 宀 | ☐ | ☐ | ☐
3. 氵 | ☐ | ☐
4. 日 | ☐ | ☐
5. 糸 | ☐ | ☐
6. 禾 | ☐ | ☐
7. 女 | ☐ | ☐
8. 口 | ☐ | ☐

① 辶
② 女
ex. 咼
③ 台
④ 寺
⑤ 免
⑥ 袁
⑦ 坐
⑧ 戸
⑨ 莫
⑩ 氏
⑪ 毎
⑫ 羑
⑬ 火
⑭ 玉
ex. 尕
⑮ 子
ex. 仅
⑯ 豖
⑰ 厶
⑱ 冬

Can you successfully cross the maze below? Alternative routes are always marked by kanji, with hiragana clues to which route you should follow. Watch out for nasties lurking in the dark corners of the maze. Good luck!

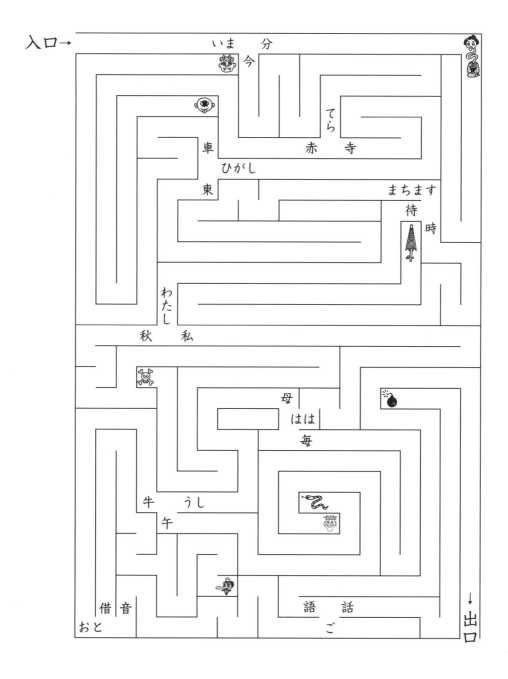

After reading the following explanations about the nasties in the maze, write the correct name under each picture.

ex.	ろくろっくび	：	くびが　とても　長い　女の　人です。
1.	一つ目こぞう	：	目が　一つだけ　あります。
2.	かさじぞう	：	目が　一つと　足が　一本　あります。
3.	どくろ	：	人の　あたまの　ほねです。
4.	ばくだん	：	黒くて　まるくて　あぶないです。
			火の　近くに　おかないでください。
5.	かっぱ	：	いけの　中に　住んでいます。
6.	てんぐ	：	はなが　長いです。
7.	おに	：	つのが　二本　あります。
8.	へび	：	長くて　足が　ありません。

ex. <u>　ろくろっくび　</u>　　あ _____　　い _____

う _____　　え _____　　お _____

か _____　　き _____　　く _____

ⓠⓤⒾⓏ

I. **Read the letter on page 150 of the Student Book to check whether each statement below is true or false. If it is true, put ◯, and if false, put × in the parentheses.**

1. （　　） バード君は　おじさんの　うちで　手紙を　書いた。

2. （　　） おじさんは　子どもが　ある。

3. （　　） バード君は　きのう　うちへ　帰った。

4. （　　） バード君は　日本に　一年半　いた。

5. （　　） 日本人は　バード君に　しん切だった。

6. （　　） バード君は　アメリカでも　日本語の　勉強を　したいと
　　　　　 思っている。

II. **Read the letter on page 150 of the Student Book and answer the following questions.**

1. バード君は　うちへ　帰る　前に　どこへ　行きましたか。

　　→ _____

2. バード君は　日本の　生活は　どう　だったと　思っていますか。

　　→ _____

3. コロラドで　冬　何が　できますか。

　　→ _____

4. けん君と みどりちゃんは バード君の うちへ あそびに 行くと
   思いますか。

   → _____

5. バード君の うちへ 行きたいと 思いますか。

   → _____

INDEXES

ON/KUN INDEX

STROKE INDEX

ON/KUN INDEX

STROKE INDEX

ヤングのための日本語 第3巻 漢字ワークブック
JAPANESE FOR YOUNG PEOPLE III　Kanji Workbook

2001年4月　第1刷発行
2004年7月　第2刷発行

著　者　　社団法人 国際日本語普及協会

発行者　　畑野文夫

発行所　　講談社インターナショナル株式会社
　　　　　〒112-8652 東京都文京区音羽 1-17-14
　　　　　電話　03-3944-6493（編集部）
　　　　　　　　03-3944-6492（営業部・業務部）
　　　　　ホームページ　www.kodansha-intl.com

印刷・製本所　　大日本印刷株式会社

© 社団法人 国際日本語普及協会 2001
Printed in Japan
ISBN4-7700-2496-7

THE ORIGINS OF KATAKANA

Katakana was created from kanji in around the eighth century. It was made from single parts of individual kanji.

阿	ア	伊	イ	宇	ウ
加	カ	幾	キ	久	ク
散	サ	之	シ	須	ス
多	タ	千	チ	川	ツ
奈	ナ	二	ニ	奴	ヌ
八	ハ	比	ヒ	不	フ
末	マ	三	ミ	牟	ム
也	ヤ			由	ユ
良	ラ	利	リ	流	ル
和	ワ				